# TRABALHO
# E
# CONHECIMENTO
dilemas na educação do trabalhador

EDITORA AFILIADA

**Dados Internacionais de Catalogação na Publicação (CIP)**
**(Câmara Brasileira do Livro, SP, Brasil)**

Trabalho e conhecimento : dilemas na educação do trabalhador / Carlos Minayo Gomez... [et al.]. – 6. ed. – São Paulo : Cortez, 2012.

Outros autores: Gaudêncio Frigotto, Marcos Arruda, Miguel Arroyo, Paolo Nosella
Bibliografia.
ISBN 978-85-249-1875-9

1. Democratização do ensino  2. Trabalho e classes trabalhadoras – Educação  3. Trabalho e classes trabalhadoras – Educação – Brasil  I. Gomez, Carlos Minayo.  II. Frigotto, Gaudêncio.  III. Arruda, Marcos.  IV. Arroyo, Miguel.  V. Nosella, Paolo.

12-01336                                                      CDD-370.1930981

**Índices para catálogo sistemático:**
1. Brasil : Trabalho e educação   370.1930981

Carlos Minayo Gomez • Gaudêncio Frigotto •
Marcos Arruda • Miguel Arroyo • Paolo Nosella

# TRABALHO E CONHECIMENTO

dilemas na educação do trabalhador

6ª edição

TRABALHO E CONHECIMENTO: dilemas na educação do trabalhador
Carlos Minayo Gomez, Gaudêncio Frigotto, Marcos Arruda, Miguel Arroyo, Paolo Nosella

*Capa:* Cia. de Desenho
*Revisão:* Rinaldo Milesi
*Composição:* Linea Editora Ltda.
*Coordenação editorial:* Danilo A. Q. Morales

Nenhuma parte desta obra pode ser reproduzida ou duplicada sem autorização expressa dos autores e do editor.

© 1987 by Autores

Direitos para esta edição
CORTEZ EDITORA
Rua Monte Alegre, 1074 – Perdizes
05014-001 – São Paulo-SP
Tel.: (11) 3864-0111   Fax: (11) 3864-4290
e-mail: cortez@cortezeditora.com.br
www.cortezeditora.com.br

Impresso no Brasil – julho de 2012

# Sumário

| | |
|---|---|
| Prefácio à 6ª edição ............................................................ | 9 |
| Apresentação ..................................................................... | 15 |

TRABALHO, CONHECIMENTO, CONSCIÊNCIA E A EDUCAÇÃO
DO TRABALHADOR: IMPASSES TEÓRICOS E PRÁTICOS
*Gaudêncio Frigotto* ............................................................. 19

    A homogeneização na superfície do discurso
    crítico da relação trabalho e educação ............................ 20
    Inversão metodológica da apreensão
    trabalho-educação ............................................................ 25
    A não historicização da categoria valor-trabalho,
    capital-trabalho ................................................................ 30
    A título de considerações finais ...................................... 34
    Referências bibliográficas ................................................ 37

TRABALHO E EDUCAÇÃO
*Paolo Nosella* ..................................................................... 39

    Introdução: A crise de aprofundamento teórico ........ 39

Do *tripalium* da escravatura ao *labor* da burguesia .... 42
Do *labor* da burguesia à *poiésis* socialista ................ 48
Conclusão: Trabalho e educação no Brasil de hoje... 54
Referências bibliográficas ............................................. 58

PROCESSO DE TRABALHO E PROCESSO DE CONHECIMENTO
*Carlos Minayo Gomez* ..................................................... 59

Estudos relativos a educação e trabalho ................... 61
Educação, trabalho e processo de trabalho ............... 64
A alienação do processo de trabalho ......................... 69
Consciência, conhecimento e processo de trabalho . 73
Observações finais ...................................................... 77
Referências bibliográficas ............................................. 80

A ARTICULAÇÃO TRABALHO-EDUCAÇÃO VISANDO UMA
DEMOCRACIA INTEGRAL
*Marcos Arruda* .................................................................. 83

Trabalho repetitivo, educação repetitiva ................... 84
A busca de uma relação criativa entre trabalho
e educação ............................................................... 90
A redefinição do trabalho .......................................... 93
A valorização do trabalho .......................................... 94
A nova relação trabalho-educação ............................. 96
Referências bibliográficas ............................................. 101

O DIREITO DO TRABALHADOR À EDUCAÇÃO
*Miguel G. Arroyo* .............................................................. 103

O direito do trabalhador à educação não se
esgota na escola ....................................................... 106

A revolução no saber, na identidade e a formação
das classes .................................................................. 108
A configuração moderna do campo educativo
exclui os trabalhadores ............................................... 111
Trabalho, cultura e educação divorciados ................ 115
A burguesia tenta o reencontro: educação
para o trabalho ........................................................ 118
A estratégia burguesa: permitir a instrução,
reprimir a educação do trabalhador ..................... 122
A educação como processo negativo e preventivo .. 125

# Prefácio da 6ª edição

O que justificaria a procura e a reedição, mais de duas décadas depois de sua primeira edição, deste pequeno livro que trata da relação entre trabalho e conhecimento dentro dos dilemas da educação do trabalhador? Por certo os diferentes leitores a que se destinou em 1987 e os posteriores que lerem as outras edições sinalizam que as questões e análises que cada um dos pequenos textos expõem não só permanecem atuais mais ganham novas determinações e significados.

Com efeito, os cinco temas abordados refletiam o embate e a disputa, na década de 1980, de projetos de sociedade e de educação. Uma disputa que se dava na definição da nova Constituição do país e uma nova Lei de Diretrizes e Bases da Educação Nacional e dentro de um contexto histórico de mundialização do capital e de ascensão do neoconservadorismo econômico e social, mais propalado como neoliberalismo.

Desse embate e disputa decorrem os eixos que balizaram os cinco textos que compõem o livro: os desafios teóricos e práticos na educação dos trabalhadores; as formas históricas do trabalho escravo e sob a hegemonia da burguesia e os horizontes do trabalho de sociedades sem classes sociais; as relações entre processo de trabalho e o conhecimento que interessa à classe trabalhadora; os nexos entre o trabalho e a educação na perspectiva de uma democracia integral; e, finalmente, a disputa pelos trabalhadores do direito não apenas da instrução, mas de uma educação integral.

A década de 1990 e a primeira década do século XXI configuram um contexto socialmente regressivo e violento para a classe trabalhadora no âmbito do trabalho e dos processos de conhecimento e de formação humana. Não que a disputa não esteja presente, mas agora numa conjuntura ao mesmo tempo de crise estrutural do sistema capitalista e de vingança do capital contra os direitos historicamente conquistados pela classe trabalhadora.

Com efeito, diferentes ângulos de análises que se filiam ao campo crítico indicam um tempo marcado pelo aumento da exploração e precarização do trabalho. Um tempo definido como sendo de desmedida do capital pela socióloga Daniele Lenhart, de horror econômico, pela crítica literária Viviane Forrester, de corrosão do caráter e banalização da injustiça social, respectivamente pelos psicólogos Richard Sennett e Christophe Dejours, e de esgotamento da capacidade civilizatória do sistema capitalista e de sua produção destrutiva, pelo filósofo Istvan Mészáros. Em sua obra mais abrangente e densa — *Para além do capital*[1]—, esse pensador desnuda o caráter cada vez mais violento das relações sociais capitalistas. Um sistema que para continuar tem que subtrair, um a um, os direitos conquistados pelas lutas da classe trabalhadora e destruir as bases da vida mediante a deterioração do meio ambiente.

Os efeitos dessa regressividade são bem mais drásticos em sociedades de cultura escravocrata como a brasileira, que forjou

---

1. Mészáros, Istvan. *Para além do capital*. São Paulo: Boitempo, 2002.

uma classe dominante que, por um lado, não completou a revolução burguesa e, por outro, foi definindo, ao longo do século XX, uma sociedade de capitalismo dependente. Conceito que expressa, ao contrário da tese da modernização e da oposição entre nações, a aliança e associação subordinadas da fração brasileira da burguesia com as burguesias dos centros hegemônicos do sistema capitalista na consecução de seus interesses. Daí decorre a estrutura de uma sociedade que acumula riqueza e miséria, onde um trabalhador da base da pirâmide social tem que trabalhar, aproximadamente, três anos e três meses para ganhar o equivalente a um mês de quem está no topo. Francisco de Oliveira caracterizou esse monstrengo social pela metáfora do ornitorrinco. Uma sociedade, segundo Oliveira,[2] que produz a miséria e se alimenta dela.

Nessa tessitura de sociabilidade do capital os processos de conhecimento e de educação constituídos e constituintes na e da sociedade foram se pautando cada vez mais pelos critérios pragmáticos do mercado e avaliados por critérios mercantis. Disso resulta uma privatização, sem precedentes, pelo capital do conhecimento produzido coletivamente e da radicalização da estratégia da burguesia, analisada no artigo de Miguel Arroyo, de *permitir a instrução e reprimir a educação do trabalhador.*

Tal estratégia vem definindo processos formativos cada vez mais pragmáticos e restritos na educação básica dos filhos da classe trabalhadora. Aquilo que era ideário das instituições de formação profissional geridas pelos órgãos de classe dos proprietários dos meios e instrumentos de produção, como o Sistema Nacional de Formação Profissional da Indústria (SENAI) — *ensinar o que ser*, ao mercado —, tornou-se a orienta-

---

2. Ver: OLIVEIRA, Francisco de. *Crítica à razão dualista. O ornitorrinco*. São Paulo: Boitempo, 2003.

ção da educação básica para os trabalhadores. Os protagonistas desta orientação passaram a ser os organismos internacionais representantes do sistema capitalista mundial, em especial o Banco Mundial, com quadros preparados em cada país para disseminar suas teses e políticas.

Este ideário vem sendo imposto por dois mecanismos complementares: atualização da ideologia do capital humano como base de orientação das reformas educativas no conteúdo, método e forma e mediante a anulação da função docente.

A ideologia do capital humano atualiza-se por novas noções que agudizam o ocultamento da perda do direito ao emprego, precarização, exploração e novas formas de expropriação do trabalhador e de adequação do conhecimento, cultura e formação ao que serve ao mercado e à acumulação de capital. Trata-se das noções de sociedade do conhecimento, qualidade total, pedagogia das competências, empregabilidade e empreendedorismo e capital social.[3]

Professores da Universidade de Frankfurt, desde 1994, todos os anos escolhem uma noção, de acordo com a sua avaliação, que expressa o que designa o termo alemão *unwort* (*não palavra*). Trata-se de palavras do discurso público que são grosseiramente inadequadas ao tema designado e talvez até violem a dignidade humana. "Capital humano" foi escolhido em 2004 com a seguinte justificativa: *degrada pessoas a grandezas de interesse meramente econômico.*[4] O conjunto de noções que atualizam a ideologia do capital humano, com mais razão, pode ser definido como *unwort*.

---

3. O leitor que queira aprofundar-se na compreensão destes novos fetiches e seu efeito no campo da educação, veja a coletânea organizada por Juarez de Andrade e Laurina Gonçalves de Paiva — *As políticas públicas para a educação no Brasil contemporâneo: limites e contradições*. Juiz de Fora: Editora da UFJF, 2011.
4. Ver: ALVATER, Elmar. *O fim do capitalismo como o conhecemos*. São Paulo: Civilização Brasileira, 2010, p. 75.

O outro mecanismo que se impõe para esta estandardização de apenas instruir na lógica do que serve ao mercado é de retirar do professor o que define sua profissão — organizar, selecionar e produzir conhecimentos adequados ao processo pedagógico tendo como referência alunos que são sujeitos concretos, portadores de particularidades e, em sociedades marcadas por enorme desigualdade como a nossa, com tempos de aprendizagem diversos. A lógica mercantil é de que o professor seja reduzido a ser um mero repassador de conteúdos, uma espécie de autômato, pausterizados em apostilas programadas por gestores de empresa ou organizações sociais (OS) privadas. O economista Wilson Risolina, empossado em 2010 secretário de Educação no estado do Rio de Janeiro, não podia ser mais explícito sobre a tendência geral do que acabamos de apontar ao definir como deveria conduzir a educação pública: *penso em educação como um negócio* e os professores como *entregadores do saber* (Jornal *O Globo*, 07/10/2010, Primeiro Caderno).

Evidencia-se que o embate de concepções de trabalho, conhecimento e qual a educação que interessa à classe trabalhadora não apenas continua, mas se dá num terreno mais opaco e adverso. No Brasil, paradoxal e cinicamente, o ideário da educação que defende **instruir** para *o que serve* a mercado é demarcado pelo *slogan* "todos pela educação". Daí emergem as orientações dominantes que o empresariado disputa no âmbito das políticas para a escola pública para uma educação cada vez mais restrita e mercantil. No contraponto situam-se as concepções que definem a educação como um direito social e subjetivo público, gratuito, laico e universal na perspectiva da escola básica unitária e omnilateral. Em parte essas ideias estão sendo defendidas no novo Plano Nacional de Educação, mas vêm sendo desfiguradas no Congresso Nacional mediante destaques e emendas das forças majoritárias que representam no Congresso os detentores do capital e de uma burguesia de cultura escravocrata.

Julgamos que os aspectos abordados respondem à questão inicial deste prefácio sobre o que justificaria a procura e a reedição, mais de duas décadas depois de sua primeira edição, deste livro. Sem dúvida os temas abordados continuam na ordem do dia, e sua análise pode ser ampliada pelas indicações dos autores acima mencionados e de uma vasta literatura sobre trabalho e educação.

Um livro de fácil leitura para professores da educação básica, mas também para quem atua na graduação e pós-graduação e seus alunos. Uma obra também indicada para aqueles que atuam na educação de jovens e adultos, movimentos sociais, sindicatos ou outras organizações que buscam afirmar os interesses e direitos dos trabalhadores.

Rio de Janeiro, 20 de janeiro de 2011.

*Gaudêncio Frigotto*

# Apresentação

Os ensaios reunidos nesse pequeno livro resultam de uma preocupação comum dos autores sobre o caráter ambíguo das análises sobre a questão do trabalho e da relação entre trabalho, conhecimento, consciência e educação do trabalhador. Essa ambiguidade resulta, ao nosso ver, da insuficiência teórica ou da superficialidade teórica no trato dessa questão. Na prática, essa insuficiência desemboca em propostas e experiências que assumem tanto o trabalho quanto o conhecimento e a educação como categorias absolutas e a-históricas. A especificidade destas práticas no interior das relações sociais — que, na sociedade de classes, são relações de poder, de força, de violência — não é captada. Ignorando o movimento histórico do real, estabelecem-se diversas inversões, produzem-se os mais diferentes rótulos, tendo como suporte posturas e quadros de análise que vão do empiricismo ao materialismo idealista ou mecanicista.

Quando se fala em "educação para o trabalho", "formação para o trabalho", "educação-produção", "trabalho como formador de caráter" ou "valor pedagógico do trabalho", "princípio do conhecimento", expressões muito em voga, de que trabalho e de que educação e conhecimento estamos falando? Sob que relações sociais se efetivam estas práticas? Trata-se do trabalho enquanto relação social fundamental, manifestação da vida, isto é, atividade do homem na apropriação e transformação do mundo, da realidade em si mesma ou do trabalho como "alienação da vida", trabalho assalariado, mercadoria, força de trabalho? Que diferença faz pensar o trabalho sob as relações capitalistas, no horizonte da sociedade industrial nascente, as formas que assumem as relações de trabalho, a divisão e retalhação do trabalho e até a existência de trabalhos fantasmagóricos e parasitários da sociedade que vive sob o impacto da terceira Revolução Industrial?

Essas questões, entre outras, orientaram a organização dos textos aqui reunidos e discutidos na IV Conferência Brasileira de Educação. A reação que provocaram nos debates nos animou a publicá-los sem a preocupação de reelaborá-los e apresentá-los como textos completos. O intuito é socializar o debate, que se mostrou instigador e fecundo durante o simpósio.

No primeiro ensaio, produzido como texto-base a partir do qual o simpósio sobre "Educação e Trabalho" se orientou, Gaudêncio Frigotto discute três questões que sinalizam aquilo que ele denomina a "crise de aprofundamento teórico". Esta crise se expressa pela homogeneização do discurso crítico na superfície; pela interiorização de categorias acríticas; pela inversão da relação trabalho-educação; e pela mumificação ou abandono das categorias valor-trabalho e capital-trabalho.

Ainda na perspectiva da discussão teórica, Paolo Nosella analisa, historicamente, a categoria ou o conceito de trabalho, mostrando que no interior da sociedade onde o trabalho é dominantemente escravo, o mesmo tem o sentido de tortura (*tripalium*). Com o surgimento da revolução burguesa e a necessidade da dupla liberdade do trabalhador — livre de propriedade e "livre" para mercadejar-se como mercadoria especial: força de trabalho —, há um esforço de construir uma noção positiva e apologética do trabalho (*labor*). Finalmente, o texto aponta para as contradições de uma sociedade onde a ciência e a tecnologia alcançaram avanços imensos, mas que, postos sob a relação social capitalista, não facultaram a liberação do trabalhador da fadiga e nem permitiram que ele atingisse o mundo da *poiésis*, do lazer, da liberdade.

No terceiro ensaio, Carlos Minayo Gomes analisa o processo de conhecimento e a educação referidos ao conjunto de relações sociais existentes no interior do processo produtivo. Tendo como base de análise as relações sociais expressas no capitalismo atual — que refinam as formas de expropriação e alienação, mas que também expõem contradições mais agudas —, o autor nos instiga a pensar a produção do conhecimento e a questão da formação da consciência no processo de construção de sujeitos coletivos na e pela *práxis*.

Marcos Arruda, trazendo o debate da relação trabalho-educação para um plano mais concreto, incialmente expõe uma crítica ao conceito e à prática do trabalho sob a égide do capital mundial, partindo de sua experiência como trabalhador braçal em duas empresas transnacionais. Na segunda parte, tendo como instrumental de análise a filosofia da práxis e, uma vez mais, partindo do plano concreto da experiência de educação, trabalho e construção de uma democracia popular na Nicarágua, onde atua como assessor no âmbito da educação, apresenta uma compreensão alternativa do conceito de trabalho e da relação trabalho-educação.

Finalmente, no úlitmo texto dessa coletânea, Miguel Arroyo discute a questão do "direito do trabalhador à educação". Arroyo nos mostra o dilema que a burguesia tem enfrentado, historicamente, em relação à educação do trabalhador. De um lado, a burguesia cada vez mais vai defender a "democratização" da instrução elementar e, de outro, buscar impedir, controlar e reprimir o saber, a educação, a organização e constituição da classe trabalhadora. Com esta questão de fundo, Arroyo tenta responder às seguintes indagações: a expansão da instrução ao povo comum teria sido uma dádiva da burguesia? Teria a burguesia encontrado uma estratégia política de continuar guiando e explorando o trabalhador apesar de escolarizado? Teria a burguesia, em outros termos, encontrado os mecanismos de administrar o binômio da expansão da instrução e o controle da educação e do saber? Ou o povo teria aprendido seus direitos e teria pressionado para garantir instrução e educação?

*Gaudêncio Frigotto*

# Trabalho, conhecimento, consciência e a educacão do trabalhador:
## impasses teóricos e práticos

*Gaudêncio Frigotto*

> Desde logo está inscrito que o operário unicamente poderá se libertar pela supressão da mais-valia, mas não está de maneira alguma prevista a forma desta supressão.
>
> J. A. Gianotti

Se é verdade, de modo geral, que as décadas de 1970 e 80 sinalizam um avanço claro na construção teórica que permitiu uma crítica às bases do pensamento humanista tradicional e moderno, ao positivismo, ao funcionalismo e às visões estruturais-reprodutivistas da educação, talvez não seja menos verdade que esta construção, que se funda numa perspectiva do materialismo histórico, é do domínio (relativo) de um reduzido quadro de intelectuais da área. Ou seja, a compreensão concreta da prática educacional na sociedade de classes, como uma prática contraditória e, enquanto tal, que se inscreve na luta hegemônica entre as classes fundamentais, a fábrica, a escola e outras instituições educativas sendo aparelhos de hegemonia, está longe de ser assimilada ao nível da teoria e das transformações históricas. Está, portanto, longe da prática, pelo menos no que se refere à relação trabalho e educação.

O exame de como se vem tratando, na prática, a questão da relação trabalho e educação, especialmente ao nível do sistema educacional e de instituições de formação profissional, bem como no interior da educação sindical e dos movimentos sociais, nos assinala, pois, uma crise de aprofundamento teórico.

Nesse texto vamos trabalhar, esquematicamente, três dimensões articuladas daquilo que denominamos crise do aprofundamento teórico na análise e nas propostas de trabalho e educação, e levantar algumas questões que possam orientar o debate e uma análise consequente dessa temática.

## A homogeneização na superfície do discurso crítico da relação trabalho e educação

A crise do aprofundamento teórico se manifesta, num nível mais imediato, pela homogeneização superficial do discurso crítico, mas cuja prática reflete a interiorização das concepções e categorias do humanismo, do positivismo e do funcionalismo. Ou seja, a concepção dominante que informa a prática é a interiorização da concepção burguesa de trabalho, de educação, em suma, de formação ou fabricação do trabalhador. As perspectivas, valores e concepções da sociedade das mercadorias põem-se como limite da análise e da ação.

A concepção burguesa de trabalho vai-se construindo, historicamente, mediante um processo que o reduz a uma coisa, a um objeto, a uma mercadoria que aparece como trabalho abstrato em geral, força de trabalho. Essa interiorização vai estruturando uma percepção ou representação de trabalho que se iguala à ocupação, emprego, função, tarefa, dentro de um mercado (de trabalho). Dessa forma, perde-se a compreensão, de um lado, de que o trabalho é uma relação social e que esta relação, na sociedade capitalista, é uma relação de força, de poder e de violência; e, de outro, de que o trabalho é a relação social fundamental que define o modo humano de existência, e que, enquanto tal, não se reduz à atividade de produção material para responder à reprodução físico-biológica (mundo da necessidade), mas envolve as dimensões sociais, estéticas, culturais, artísticas, de lazer etc. (mundo da liberdade).

É importante perceber que estas dimensões não são apenas eliminadas, mas também tomadas como algo negativo, que é necessário combater.

Franklin Rooselvet, ao declinar os mandamentos da moderna sociedade capitalista, acentuava que se o ócio é algo pernicioso à sociedade, o lazer o é ainda mais, pois quem a ele se entrega, além de deixar de produzir, gasta. Vai-se, assim, construindo um conceito ideológico de trabalho dentro de uma perspectiva moralizante e utilitarista, de sorte que a interiorização resultante torna as relações de trabalho da sociedade capitalista como relações naturais, desejáveis e, portanto, necessárias. É dentro dessa delimitação que a burguesia constrói as propostas de educação para o trabalho nos vários âmbitos da sociedade capitalista, ao longo da história, e busca transformá-las em senso comum.

Para elucidar esta afirmação, valho-me de Destutt de Tracy, que em 1802, no clima das ideias naturalistas e organicistas da época, refletia, com meridianas crueza e clareza, como o capitalismo nascente concebia a relação trabalho e educação:

"Em toda sociedade civilizada existem necessariamente duas classes de pessoas: a que tira sua subsistência da força de seus braços e a que vive da renda de suas propriedades ou do produto de funções onde o trabalho do espírito prepondera sobre o trabalho manual. A primeira é a classe operária; a segunda é aquela que eu chamaria a classe erudita.

Os homens da classe operária têm desde cedo necessidade do trabalho de seus filhos. Estas crianças precisam adquirir desde cedo o conhecimento e sobretudo o hábito e a tradição do trabalho penoso a que se destinam. Não podem, portanto, perder tempo nas escolas. [...]

Os filhos da classe erudita, ao contrário, podem dedicar-se a estudar durante muito tempo; têm muita coisa a aprender para alcançar o que se espera deles no futuro. Necessitam de um certo tipo de conhecimentos que só se pode apreender quando o espírito amadurece e atinge determinado grau de desenvolvimento. [...]

Esses são fatos que não dependem de qualquer vontade humana; decorrem necessariamente da própria natureza dos homens e da sociedade: ninguém está em condições de poder mudá-los. Portanto, trata-se de dados invariáveis dos quais devemos partir.

Concluamos, então, que em todo Estado bem administrado e no qual se dá a devida atenção à educação dos cidadãos, deve haver dois sistemas completos de instrução que não têm nada em comum entre si" (Destutt de Tracy, 1917, p. 1).

Essa concepção da relação trabalho e educação é hoje exposta de forma mais ardilosa e sutil e aparece como direito dentro de uma igualdade abstrata. O trabalho é compreendido não como única fonte de produção do valor e que permite, portanto, nas relações de produção capitalistas, a expropriação, a mais-valia, mas como uma atividade que cria riqueza indistintamente para todos os homens. Por isso, é pelo trabalho que os patrões chegam a acumular a riqueza e, portanto, é pelo trabalho árduo, disciplinado, que os trabalhadores podem ascender socialmente e, dependendo de seu esforço, tornar-se patrões. O trabalho aparece como uma virtude universal, pela qual a acumulação de capital é legítima (Martins, 1981). No bojo das teorias neocapitalistas, que incluem as perspectivas de cogestão e participação nos lucros, vai-se reforçando a ideia de que a superação das desigualdades entre as classes é possível, sem a supressão da mais-valia, sem uma quebra ou ruptura da lógica do valor.

O que estou querendo apontar é que esta interiorização comanda as políticas educacionais do Estado, tanto e principalmente na sua dimensão de sociedade política, quanto na dimensão da sociedade civil.

Assim, percebe-se que o modo dominante de apreender e de orientar na prática a relação trabalho e educação, mesmo em quadros progressistas, passa pelas seguintes dimensões: a) uma dimensão moralizante, tão ao gosto da moral burguesa, onde o trabalho manual e intelectual aparecem como igualmente dignos, formadores do caráter e da cidadania; b) uma dimensão pedagógica, onde o trabalho aparece como uma espécie de laboratório de experimentação — aprender fazendo; c) e, finalmente, uma dimensão social e econômica, onde os filhos dos trabalhadores podem autofinanciar sua educação (escolas de produção). Essas perspectivas, enquanto não se subverter radicalmente a relação social que as orienta, situam-se no limite imposto por ela.

É importante ter em conta, como nos assinala Manacorda (1966), que em "Marx, o trabalho transcende, primeiramente, de um modo necessário a toda a caracterização pedagógico-didática, para se identificar com a própria essência do homem. Trata-se de uma concepção que exclui toda a possível identificação ou redução à tese pedagógica marxiana de união do ensino e do trabalho produtivo no âmbito das habituais hipóteses de um trabalho, seja com um objetivo meramente profissional, seja como função didática, como instrumento de aquisição e comprovação das noções teóricas, seja com fins morais de educação do caráter e de formação de atitude de respeito para com o trabalho e para quem trabalha. Compreende, assim, todos esses momentos, mas os transcende".

A dificuldade de transcender as dimensões citadas advém, a meu ver, da não superação da visão do trabalho como coisa, como objeto. Estaríamos, assim, dentro de uma visão materialista que Marx criticara na *Tese I sobre Feuerbach*: "A insuficiência de todo o materialismo até nossos dias (o de Feuerbach incluído) é de a coisa (*Gegenstand*), a realidade, o mundo sensível, serem tomados sob a forma de objeto (*objekten*) ou contemplação (*anschauung*), mas não como atividade humana sensível, *práxis*, não subjetivamente" (Marx e Engels, 1984).

## Inversão metodológica da apreensão trabalho-educação

Esta inversão metodológica, que reflete não apenas a representação invertida — educação-trabalho —, mas a própria condução prática, se evidencia pela não apreensão das relações de trabalho, as relações de produção, como práticas fundamentais que definem o modo humano-social da existência e se constituem na fonte primordial do conhecimento e da formação da consciência.

"Podemos distinguir os homens dos animais pela consciência, pela religião, por tudo o que se quiser. Mas eles começam a distinguir-se dos animais assim que começam a produzir os seus meios de vida [...]. O modo como os homens produzem os seus meios de vida depende, em primeiro lugar, da natureza dos próprios meios de vida encontrados e a reproduzir. Este modo de produção não deve ser considerado no mero aspecto de reprodução da existência física dos indivíduos. Trata-se já, isso sim, de uma forma determinada de atividade destes indivíduos, de uma forma determinada de exprimirem a sua vida de um determinado modo de vida dos mesmos. Como exprimem a sua vida, assim os indivíduos são. Aquilo que eles são coincide, portanto, com sua produção, com o que produzem e também como produzem. Aquilo que os indivíduos são depende, portanto, das condições materiais de sua produção" (Marx e Engels, 1984).

Na prática, a inversão aqui referida se explicita pela ênfase que se tem dado à educação para o trabalho, para a produção, para o mercado de trabalho, sem uma crítica radical à forma que assumem as relações de trabalho. Mesmo quando se assumiu uma crítica ao economicismo na educação, responsável mais imediato por esta perspectiva, não se avançou no exame da natureza do trabalho, das relações de trabalho e produção, na forma histórica como se explicitam no capitalismo atual.

Arroyo (1986), ao fazer um balanço das dubiedades, questionamentos, impasses e avanços do grupo que na ANPEd, há vários anos, discute a relação trabalho e educação, indica tanto a inversão feita quanto o caminho que nos parece importante aprofundar: "No início o grupo esteve muito marcado pela maneira como era colocada essa relação, pela via do mercado de trabalho. Não é que o grupo estivesse nessa direção, mas sim porque estava marcado pela reação a essa relação, pela crítica tão acentuada da educação do trabalhador para o trabalho, numa perspectiva mais técnica, de habilitação e de qualificação. Após alargarmos esse conceito de educação, avançamos muito. Começamos a ver o problema a partir do pedagógico, da escola para o trabalhador, que tipo de escola para o trabalhador e que educação para o trabalhador. Em determinado momento, quando começamos a ver mais o trabalhador, e não tanto o trabalho, dando mais ênfase à formação da classe operária, enquanto processo educativo, à fábrica onde estão as relações de produção, com o processo educativo, às relações sociais mais amplas com o processo educativo, terminamos invertendo um pouco a relação. Fomos cada vez mais insistindo no trabalho, nas relações sociais, na formação do trabalhador, na sua habilitação, na sua formação de consciência ou hábitos etc., e na própria dinâmica do trabalho como condicionante do educativo".

Aprofundar as formas que vão assumindo as relações de trabalho historicamente, examinando a natureza das contradições que emergem destas relações, entendemos seja este o caminho de repensar a relação trabalho e educação. Não se trata de identificar a escola com o sindicato, com o partido político, com a fábrica, ou com as relações pedagógicas que se dão na totalidade das relações sociais. Trata-se de pensar a especificidade da escola não a partir dela, mas das determinações fundamentais: as relações sociais de trabalho, as relações sociais de produção. Trata-se, principalmente, de compreender que a produção do conhecimento, a formação da consciência crítica tem sua gênese nessas relações.

Através do aprofundamento desse horizonte teórico talvez possamos avançar na compreensão do significado que tem, para a classe trabalhadora, o acesso ao saber elaborado e historicamente acumulado, mas, ao mesmo tempo, sem tomar esse saber como uma entidade absoluta, como um dado. É importante entender que este saber se produz dentro de relações sociais determinadas e, portanto, assume a marca dos interesses dominantes; ou seja, não se trata de um saber neutro.

Igualmente, esse caminho nos permite resgatar a visão de que o conhecimento, a superação do senso comum e a formação da consciência política crítica se dão na e pela práxis. Práxis que resulta da unidade dialética entre a teoria e a prática, pensar e agir. Esta unidade, por sua vez, não é algo mecânico, harmônico, mas traz a marca dos conflitos, avanços e recuos, do processo histórico.

Da não compreensão adequada destas questões resultam alguns equívocos quando se discute a problemática do trabalho, educação, produção do conhecimento e formação da consciência das classes populares. Um desses equívocos, já bastante discutido e em boa medida superado, é a visão de que tudo o que vem do "povo", das classes populares, é verdadeiro. Em decorrência dessa mistificação, o que importa é preservar o saber popular na sua pureza. O outro equívoco, não menos mistificador, é o de negar ou ignorar que a classe trabalhadora, embora impedida historicamente, pelos mais diferentes mecanismos materiais e ideológicos, de ter acesso aos graus mais elevados do conhecimento elaborado (científico), possua saber e conhecimento.

Salm (1985), ao discutir esta questão, define como mistificação e demagogia falar-se em saber operário, e que exista um "saber intrínseco ao trabalhador e à sua classe": "Entrando, agora, no terreno das mistificações que tenho visto por aí, anotei duas: uma é a questão do saber operário, quando se diz que a origem do saber é intrínseco ao trabalhador e à sua classe. Isso soa muito bonito, mas vamos pensar um pouco. A classe operária foi excluída do saber, é verdade, mas é exatamente o saber que ela busca na escola, tanto assim que para a classe trabalhadora interessa uma escola que lhe dê acesso ao saber historicamente produzido, organizado, acumulado. Então considero uma mistificação, uma demagogia, uma mentira afirmar que o saber é intrínseco à classe operária".

Primeiramente, é preciso entender que, ao afirmar-se que existe um "saber intrínseco ao trabalhador" enquanto classe em movimento, em construção, não significa que se trata de um saber suficiente e que, portanto, o mesmo não necessita de escola, nem que se trata de um conhecimento que dê conta do real. A luta pela escola tem sido uma luta secular da classe trabalhadora. Mas certamente o saber, o conhecimento que a classe trabalhadora busca na escola não coincide, necessariamente, com o saber historicamente acumulado sob a hegemonia da burguesia. A luta hegemônica implica, concretamente, uma crítica radical ao saber dominante e uma articulação do conhecimento histórico — que não é produção exclusiva da burguesia — aos interesses da classe trabalhadora. Não se trata pura e simplesmente de mudança de conteúdos, mas de uma forma nova de produção do conhecimento.

É preciso atentar para o fato de que, juntamente com o fetiche do valor, cuja essência é o escondimento da origem da exploração e do lucro, da extração da mais-valia, existe o fetiche do conhecimento, do saber, que reduz este saber e esse conhecimento à "verdade da burguesia". Ao afirmar-se que existe um saber intrínseco ao trabalhador e à sua classe, quer-se dizer que, nas relações sociais de produção de sua existência, individual e coletivamente, mesmo sob as condições adversas da sociedade capitalista, o operário produz conhecimento, detém um saber, tem uma determinada consciência da realidade.

O que se pode perceber historicamente é um duplo processo de "expropriação" — material e intelectual. O capital sempre tem lutado, tanto no sentido de obstaculizar quanto no de negar o conhecimento, o saber das classes subalternas. Igualmente, busca apropriar-se privadamente do conhecimento adquirido coletivamente no próprio processo de trabalho, devolvendo-o como conhecimento incorporado à máquina, contra o próprio trabalhador. Os modernos círculos de controle de qualidade sinalizam um dos mecanismos mais sutis de expropriação de saber e do conhecimento operário. Há, sobretudo, um processo de esterilização da capacidade humana de criar, produzir etc.

Parece difícil pensar um trabalho educativo que efetivamente se articule aos interesses dos trabalhadores, das classes populares, sem ter como ponto de partida e de chegada o conhecimento, a consciência gestada no mundo do trabalho, da cultura, das múltiplas formas como estes trabalhadores produzem sua existência.

## A não historicização da categoria valor-trabalho, capital-trabalho

A crise do aprofundamento teórico na discussão da relação trabalho, educação, conhecimento e formação da consciência centra-se, finalmente, sobre a não apreensão da teoria valor-trabalho enquanto relação social a partir da qual se compreende não só como se produz dentro da relação capitalista o conjunto das relações sociais, mas como se produz historicamente a própria relação capitalista. Esta não apreensão se manifesta de diferentes formas.

Manifesta-se, primeiramente, pela mumificação das categorias marxistas de análise. A teoria, as categorias de análise, de forças materiais, quando tomadas como dimensões da práxis, reduzem-se a um dado, a uma abstração *a priori*. Perde-se a dimensão da práxis, onde a teoria, as categorias não são dadas, mas construídas, redimensionadas no processo de análise e de transformação da realidade.

Isso tem como consequência imediata uma incapacidade de se apreender as novas formas de sociabilidade que a relação capital-trabalho vai assumindo no capitalismo dos oligopólios, das transnacionais, onde "o monopólio de capacidade de inovação tecnológica estoura tanto a unicidade da taxa de lucro quanto da taxa de mais-valia, lançando o sistema em desequilíbrio permanente" (Gianotti, 1985).

Fica-se, dessa forma, sem instrumental metodológico para entender a natureza do Estado intervencionista — um Estado que entra no processo produtivo como mecanismo imperativo de salvaguardar os interesses do capital no seu conjunto. Trata-se de um "patrão" que, além da violência instaurada nas relações de produção, acresce a possibilidade da violência e exploração política. Da mesma forma, e como consequência, fica difícil compreender a especificidade das crises, a natureza das contradições e da luta de classes. De um lado, a centralização do capital faz desaparecer a figura do capitalista individual, do patrão, e surgem grandes organizações anônimas; de outro, as transformações que ocorrem na produção, no processo de trabalho, vão borrando as fronteiras entre trabalho produtivo e improdutivo. Destroem-se, esterilizam-se e criam-se novos trabalhos, porém sob uma nova relação. Amplia-se o setor terciário, maximiza-se o subemprego e o desemprego tecnológico, surgem trabalhos fantasmagóricos e parasitários, que esterilizam e atrofiam as capacidades humanas.

Como instaurar processos educativos que desenvolvam o conhecimento e a formação de uma consciência que reforça os interesses populares sem uma análise adequada desta realidade?

A resposta a esta questão vai nos revelar uma outra dimensão da não historicização da relação capital-trabalho. Trata-se da dificuldade de se passar das análises que apreendem a anatomia e a estrutura global das relações sociais capitalistas para o exercício de perquirir, pesquisar, analisar e expor a trama e a tessitura complexa, contraditória e conflitante das especificidades e diferenças históricas, da conjuntura, do processo ou processos de trabalho, das relações e da luta de classe. "Sem a paciência da investigação da conjuntura, a análise dialética se resume na monótona afirmação de uma identidade, na procura obcecada dos traços definitórios do capital, do salário ou do imperialismo, sem levar em conta que uma forma se efetiva criando determinações opostas. Perdendo as mediações e as diferenças, essa análise cai no narcisismo da ortodoxia. [...] Ao investigador cabe apenas tomar cuidado de não separar o funcionamento ritmado das erupções violentas, não tomar os desequilíbrios como efeitos passageiros de fatores exógenos" (Gianotti, 1983).

Por fim, o aprofundamento teórico da relação capital-trabalho esbarra em análises revisionistas que elidem e esmaecem as teses básicas do materialismo histórico, ou em perspectivas de orientação anarquista, que encaminham para teses do "quanto pior melhor". No primeiro caso, confundem-se as novas formas de sociabilidade do capital e a necessidade de retomar, nesse contexto, a teoria valor-trabalho, com o abandono ou superação da própria teoria. O que é necessário enfrentar é a velha questão do caráter de mercadoria da força de trabalho. Questão que de novo tem somente a forma como a exploração é feita no capitalismo dos oligopólios e do Estado intervencionista a eles associado. A tarefa básica é como dissolver o caráter de mercadoria da força de trabalho. No segundo caso, esbarra-se numa leitura do processo histórico que não capta a natureza das contradições fundamentais e as estratégias de luta que, de dentro da relação capitalista, na sua forma "moderna", encaminham a possibilidade de dissolução do caráter de mercadoria da força de trabalho.

Esta perspectiva, na análise da relação trabalho-educação, aparece mediante a ótica da negação do trabalho, a defesa do não trabalho, ou recusa ao trabalho e ao progresso técnico de modo geral. Ora, se de fato observamos historicamente uma luta permanente do operário contra as condições e organização do trabalho impostas pela relação capitalista de produção, contra o caráter de mercadoria da força de trabalho, contra o tempo da jornada de trabalho e a forma que assume o progresso técnico, contraditoriamente, a dissolução dessa relação implica o trabalho. A nova relação de trabalho nasce e se gesta dentro da velha relação, mediante a negação e a transformação. Nesse sentido, a tese "do quanto pior melhor", como estratégia de passagem da velha relação para a nova, é equivocada. Como assinala Gramsci, "a crise consiste precisamente no fato de que o velho está morrendo e o novo não pode nascer; nesse interregno aparece uma grande variedade de sintomas mórbidos" (In: Anderson, 1986, p. 15).

Um estudo das sociedades socialistas em construção nos indica que a questão do trabalho produtivo, da competência científica e tecnológica, são dimensões críticas de sua consolidação. Da mesma forma, é crítica à gestão do processo de trabalho e das relações sociais no seu conjunto, na medida em que esta gestão pode assumir uma forma democrática ou burocrática.

"Ao contrário do liberalismo, onde o indivíduo se identificava de imediato com o indivíduo-proprietário, o novo socialismo deverá individualizar o indivíduo-cidadão basicamente como aquele que possui um trabalho e é capaz de negociar sua alocação. Que é, neste sentido, um proprietário, mas cuja propriedade (da força de trabalho) não é definida pela lei do valor mas pela capacidade de negociá-la, isto é, por sua capacidade de estabelecer relações sociais. O novo direito, fundamento do próximo 'Estado' — entre aspas, pois o Estado se dissolverá como Estado uno e racional — não mais será o direito de propriedade, mas o direito consensual. O que cabe garantir são, pois, os processos de legitimação das decisões, e mais ainda, a eficácia delas, através do controle democrático das políticas públicas e da distribuição do fundo comum. Cabe-nos sobretudo nos assegurar contra as violências que o Estado pode cometer em nome da vida pública" (Gianotti, 1984).

O problema situa-se, então, na luta pela dissolução do caráter de mercadoria que assume a força de trabalho e o conjunto de relações sociais no interior do capitalismo e, consequentemente, na abolição das fronteiras entre trabalho manual e intelectual.

## A título de considerações finais

As questões aqui levantadas, que buscam delinear a problemática que envolve as propostas educativas sobre trabalho e educação, nos indicam, fundamentalmente, que esta decorre de uma debilidade e insuficiência, ao mesmo tempo de direção teórica e de investigação crítica, o que não permite apreender as contradições; conflitos, especificidades, diferenças, em suma, a diversidade histórica. Não se trata, pois, apenas de um divórcio entre teoria e prática, senão que este divórcio indica a precariedade da construção teórica e da transformação prática, dimensões do mesmo movimento constitutivo da práxis.

Ao enfatizar o mundo do trabalho, na sua historicidade, como relação social fundamental que não se reduz à ocupação, tarefa, emprego, mas que não os exclui, e que abarca o conjunto de relações produtivas, culturais, lúdicas etc., estou querendo sinalizar que aí se situa o *locus* da unidade teórica e prática, técnica e política, ponto de partida e chegada das ações educativas que, na escola, nos sindicatos, na fábrica, interessam à luta hegemônica das classes populares.

"[...] as crianças do proletariado estão presas ao mundo presente, porque é seu caminho de luta no dia a dia sem o qual seus pais não poderiam aguentar-se; [...] além disso, estão presas ao presente porque os alunos do futuro, as grandes combinações baseadas no futuro, têm algo ridículo aos seus olhos" (Snyders, 1981).

Como elucidação, não mais que isto, do que estou aqui insistindo, parece importante a conclusão a que chega Elisa H. Santos, numa pesquisa sobre o cotidiano do operário na fábrica, ao abordar a questão do conhecimento do caldeireiro, em cursos para adultos.

"Ao terminar já o primeiro curso, a nossa avaliação apontava para uma contradição que nos assustava: os alunos não demonstravam o interesse esperado nas aulas de legislação e comunicação. Todo o seu interesse estava voltado para as 'aulas técnicas' e só nelas a participação era assegurada, embora nas avaliações feitas os alunos colocassem sempre a importância das aulas de legislação e comunicação. [...] A própria prática e as avaliações sobre ela foram delineando um novo quadro. Passamos a reconhecer que, num curso desta natureza, o mais importante é a questão técnica. Que o técnico aqui é o prolongamento do trabalho, é o fazer e, como tal, é momento capaz de sintetizar todos os aspectos da vida do trabalhador. Por isso mesmo, o técnico não é uma neutralidade, o técnico é político, porque o técnico é trabalho" (Santos, 1985).

Uma questão mais geral, mas ao mesmo tempo específica, que se situa no centro da problemática levantada até agora, diz respeito à relação "intelectual"-massa, intelectual-trabalhador, na perspectiva de um processo educativo transformador.

O exame dessa questão, ao iniciarmos, com um grupo de colegas e participação de um trabalhador e líder metalúrgico, um trabalho de pesquisa sobre "Formação do trabalhador no interior do processo produtivo: estratégia das ETs", indica uma tensão e um certo impasse. Explicita-se esta tensão pela divisão do trabalho manual e intelectual, não apenas no interior da fábrica, mas no conjunto das relações sociais. Esta divisão vai definindo uma impossibilidade real de conhecimento crítico do que se passa no processo produtivo. De um lado, o trabalhador, pelas forças objetivas das relações de trabalho e de sua produção social, fica limitado ao saber prático, que necessita ser confrontado com o saber histórico, com o saber científico. Este confronto, via estudo, é impossibilitado à maioria dos trabalhadores. De outro, a grande maioria dos "intelectuais" é condenada a prolongar indefinidamente seus estudos sem penetrar na arena do processo do trabalho produtivo, dos serviços ou dos trabalhos fantasmagóricos ou parasitários, produzidos como forma de esterilizar capacidades humanas.

Os avanços que se têm dado caminham na direção de pesquisas, que têm um contato mais ou menos prolongado, mais ou menos "participativo", com os atores do processo produtivo, nos vários âmbitos do mundo do trabalho. Trata-se de um avanço, ainda que limitado tanto pelo instrumental e pela forma de apreender esta realidade, quanto pela resistência dos trabalhadores de expor suas experiências, seu conhecimento a pessoas que não pertencem ao quadro de "iguais" no processo de trabalho. Sua experiência lhes indica que o silêncio, no mais das vezes, é estratégico.

"Há operários que, pelo tipo de relação e experiência passada na relação com os 'intelectuais', se recusariam a discutir aquilo que conhecem" (Carlos Jardel, metalúrgico).

Se a superação dessa distância intelectual-trabalhador, intelectual-massa, se coloca como condição para instaurar um processo efetivo de conhecimento crítico e de conscientização, e se esta superação, no limite, demanda a quebra da relação que produz esta divisão, qual a estratégia para caminhar, no interior da velha relação, para o horizonte da nova relação social?

"Ou como, a partir da realidade do trabalhador, sem arrancá-lo do trabalho, organizar um processo educativo que o constitua estudante, técnico, cientista e mais artista?" (Arruda, 1986).

A perspectiva aqui sugerida para o debate aponta que o processo de superação deste impasse implica aprofundar, ao nível da pesquisa teórica e ao nível da investigação prática, a análise da contradição fundamental que o produz e os seus desdobramentos a nível das relações de trabalho e relações sociais no seu conjunto. O avanço das propostas de trabalho-educação passa hoje por uma leitura crítica das formas que as relações de trabalho assumem nos setores de ponta do capitalismo, no campo, na indústria e nos serviços.

De outra parte, passa pela compreensão do resultado da forma que assume a gestão do trabalho neste capitalismo que retalha, destrói, recria novas tarefas sob novas relações, assim como cria trabalhos parasitários, inúteis e atrofiadores.

## Referências bibliográficas

ARROYO, M. *Boletim da ANPEd*, Rio de Janeiro, jun. 1986.

ARRUDA, M. *Notas do seminário sobre educação popular na Nicarágua.* Rio de Janeiro: Iesae/FGV, 15-7-1986.

DESTUTT, M. Comte de Tracy. *Éléments d'idéologie.* Paris: Coutcier, Imprimeurs Libraire, 1917. v. 1.

GIANOTTI, J. A. Prefácio da segunda edição. *Origens da dialética do trabalho*: estudo sobre a lógica do jovem Marx. Porto Alegre: L&PM, 1985.

GIANOTTI, J. A. *Trabalho e reflexão*. São Paulo: Brasiliense, 1983.

_____. Acabou o capitalismo: é a barbárie? *Presença*, revista de política e cultura, São Paulo, Cortez, n. 3, maio 1984.

MANACORDA, M. *Marx y la pedagogía de nuestro tiempo*. Roma: U.S.P.A.G., 1966.

MARTINS, J. S. *O cativeiro da terra*. São Paulo: IESCH, 1981.

MARX, K.; ENGELS, F. *A ideologia alemã*. São Paulo: Moraes, 1984.

SALM, C. Pesquisa educacional e políticas governamentais em educação. *Cadernos de Pesquisa*, São Paulo, Fundação Carlos Chagas, n. 55, nov. 1985.

SANTOS, E. H. *Educação e trabalho*: o cotidiano do trabalhador na fábrica. Dissertação (Mestrado em educação) — UFMG, Belo Horizonte, 1985.

SNYDERS, G. *Escola, classe e luta de classes*. Lisboa: Moraes, 1981.

# Trabalho e educação

Do *tripulium* da escravatura ao *labor* da burguesia;
Do *labor* da burguesia à *poiésis* socialista*

*Paolo Nosella*

## Introdução: A crise de aprofundamento teórico

Quando Gaudêncio Frigotto, organizador deste simpósio, em seu texto de abertura, aponta para "a crise de aprofundamento teórico na discussão da relação trabalho-educação" (1986, p. 10) e, ainda, quando diz que "a perspectiva do materialismo histórico é de domínio (relativo) de um reduzido quadro de intelectuais da área [...] pois está longe de ser assimilada ao nível da teoria e das transformações históricas" (p. 1), é natural me lembrar que, desde a II Conferência Bra-

---

* Comunicação apresentada no simpósio "Educação e Trabalho" na IV CBE, Goiânia, de 8 a 5-9-1986. Muitas ideias dessa exposição refletem o trabalho do grupo (professores e alunos) do mestrado em Educação, área de Fundamentos da Educação, da Universidade Federal de São Carlos, SP.

sileira de Educação, realizada em Belo Horizonte em 1982, cujo tema central era "Da crítica à ação", não deixei de expressar minha preocupação (Nosella, 1983, p. 94) com referência a uma possível recaída dos educadores no ativismo pedagógico, pois, frequentemente, muitos deles mal acabam de esboçar certa reflexão crítica que logo se sentem saturados de teoria e, sôfregos, se acham na obrigação de aplicar "novas e salvadoras técnicas didáticas".

Se a preocupação com o aprofundamento teórico da questão da educação em geral é justa, acredito que ela deva ser particularmente séria com relação às imbricações existentes entre trabalho e educação. Na verdade, trata-se, aqui, da relação mais radical, complexa e polêmica que a ciência pedagógica estudou. Frequentemente, essa ciência pedagógica liquidou esta questão da forma mais mistificadora, chegando a difundir ideias que beiram a raia do ridículo, como, por exemplo, a teoria do capital humano. Jamais, nem mesmo a ciência clássica burguesa, relacionou a educação com o mercado de trabalho no sentido de afirmar que as escolas se constituem no referencial ou ponto de partida para qualquer organização ou interferência do trabalho produtivo. Entretanto, o vazio teórico criado pela repressão, pela censura e pela violência, permitiu ampla difusão entre nós, educadores, de uma espessa cortina de ideologias educacionais que transitam da teoria do capital humano para um reproducionismo mecânico e angustiante. A razão dessa repressão contra os educadores está no fato de ser o professor um agente político de grande peso, pois sua penetração molecular na população e entre os filhos dos trabalhadores, tanto nas grandes cidades como nas mais distantes vilas, desperta interesses e preocupações políticas. Por isso, o aprofundamento teórico constitui uma verdadeira necessidade da luta de resistência; por isso, também, o avanço e a socialização da teoria são penosos e demorados. Pessoalmente, não tenho dúvida em afirmar que o Brasil é uma das regiões do mundo cuja história registra uma contínua ação repressiva das mais duras que o capitalismo tenha organizado, justamente pelo papel estratégico que este país desempenha no quadro das relações do capitalismo internacional. A estratégia repressiva aqui foi sempre estudada e dosada de forma a alcançar, realmente, seus objetivos.

Nadando contra a maré, portanto, discutem os educadores brasileiros a relação trabalho-educação. Arroyo sintetizou o caminho percorrido pelo grupo da ANPEd, para citar apenas um exemplo, que conseguiu inverter a direção da teoria do capital humano começando a "ver mais o trabalhador, e não tanto o trabalho". Abandonou-se, então, a expressão "educação para o trabalho" para se usar mais a expressão "educação para o trabalhador". Aos poucos, por considerar o trabalhador sujeito de sua formação, foi inclusive sugerida a expressão "educação pelo trabalhador". Finalmente, a partir do encontro de pesquisadores, realizado em Brasília em abril desse ano e promovido pelo CNPq — Coordenação de Educação e Trabalho —, o grupo de participantes que lá esteve repetidamente afirmou ser "o trabalho" a categoria fundamental ou o ponto de partida da relação educação e trabalho, justamente por ser o trabalho, na organização da sociedade, o princípio educativo primeiro. Consequentemente, o grupo sugeriu que se passasse a dizer, em vez de "educação e trabalho", "trabalho e educação". Finalmente, na IX Reunião Científica Anual, realizada em junho desse ano no Rio de Janeiro, o grupo da ANPEd que se interessa pelo tema voltou a enfatizar a necessidade de melhor esclarecer teoricamente (e difundir junto aos educadores) a relação trabalho-educação a partir de uma análise histórica da evolução do conceito de trabalho. Nesse sentido, a preocupação coincide com outra afirmação de Gaudêncio Frigotto, em sua exposição nesse simpósio, ao referir-se à "não historicização da relação capital-trabalho" (p. 11).

É natural, portanto, que a presente exposição tente contribuir para esse debate historicizando, mesmo que em amplas linhas, a evolução do trabalho humano, e tecendo considerações sobre suas imbricações com a educação.

## Do *tripalium* da escravatura ao *labor* da burguesia

Compreendo e concordo com a afirmação do professor Gianotti (1983), quando enfatiza a importância da investigação conjuntural e específica da realidade social, contrapondo-se às visões gerais demasiado amplas e, por isso, muitas vezes, vazias. Entretanto, considerando justamente a situação específica da reflexão crítica no Brasil, acredito ainda (sobretudo pensando nos educadores) ser necessário retomar e difundir certas linhas da evolução da sociedade humana. Evolução que, como se disse, no Brasil, foi sempre tão violenta, que sistematicamente impediu, ao nível da cultura, a socialização de uma concepção histórico-dialética da realidade.[1] Por isso, defendo a importância de um sério esforço dos educadores no sentido de retornar à história geral através de um contato direto com as obras dos clássicos do pensamento humano, reagindo às concepções culturais dominantes marcadas pelo

---

1. Basta lembrar que as obras dos clássicos do pensamento humano nem sequer existem em nosso mercado, salvo algumas antologias de textos clássicos, muitas vezes mal selecionados e mal traduzidos. Estes poucos textos, inclusive, são economicamente pouco acessíveis. O método de leitura que informou a produção dessas seleções de textos clássicos não passa de um enciclopedismo simplista.

tecnicismo eficientista e, em última análise, pelo positivismo e pragmatismo de marca norte-americana. O objetivo desta reflexão não é difundir um estéril amor à cultura geral, e sim realizar uma abordagem histórico-dialética do século XX, eliminando, na raiz, a tentação de outras recaídas no idealismo pedagógico, enganosa matriz de infindáveis "novas" didáticas abstratas.

A abordagem da categoria "trabalho" pelo método histórico-dialético nega, de saída, que se trata de uma concepção historicamente homogênea, isto é, a noção de trabalho não é uma vaga ideia que se aplica indistintamente a qualquer atividade que o homem faz para sobreviver. A história, pelo contrário, força a diferenciar e qualificar, ao longo dos séculos, as diferentes formas e concepções de trabalho humano. De tal forma mudam as maneiras de trabalhar dos homens, que suas diferentes conceituações foram registradas nas próprias expressões linguísticas e, como inúmeros estudos afirmam, o emprego de sinônimos para as diferentes conceituações torna-se um equívoco.

Nas grandes linhas, são bastante conhecidas as características do trabalho humano dos escravos da antiguidade clássica ou dos servos da Idade Média. Dentro de sistemas socioeconômicos onde a produção material é fundamentalmente de consumo, onde a terra é a dimensão do poder sociopolítico das classes aristocráticas, onde a afirmação de que os homens são por natureza desiguais é tida como "racional", o trabalho humano só podia ser concebido como estigma fatal ou castigo. Em outras palavras, o trabalho só poderia ser mesmo um *tripalium* (três paus), ou seja, um verdadeiro instrumento de tortura. "Escravos e animais domésticos", dizia Aristóteles, "atendem com o corpo às necessidades da vida" (Arendt, 1981, p. 90).

Trabalhador, terra, animal e ferramentas constituíam, naquelas sociedades, uma única realidade "natural", eterna e, portanto, sem história, sem progresso, sem perspectivas, sem esperança terrestre. Visando diluir os fortes movimentos de resistência. humana, toda esperança terrestre era ideológica e violentamente substituída pela esperança sobrenatural, metafísica ou, no máximo, onírica e irracional.

O trabalhador, o escravo, o servo eram peças de engrenagem "naturais"; eram pertences da terra, que ficava imóvel num espaço místico até a dissolução desses corpos consumidos no *tripalium* da sobrevivência e, assim, fantasiosamente, suas almas voavam "livres" pelos ares ou pelos céus da metafísica.

O processo educativo congênito desses sistemas consistia, de um lado, no aprimoramento reiterativo das habilidades das mãos que trabalham e, de outro, na repressão de qualquer movimento da criatividade humana que, porventura e heresia, teimasse em descolar o corpo do homem trabalhador deste chão, desta terra ou desta oficina onde o "destino" o fez nascer. Educação era sinônimo de repressão, pois equivalia a cortar qualquer asa dos trabalhadores para que não voassem para longe do "seu" feudo ou do *tripalium* do qual naturalmente faziam parte.

Ficaram universalmente conhecidas as perseguições e torturas aplicadas contra bruxarias e heresias. Felicidade, liberdade, criatividade, amor, festa, tempo livre, obviamente, eram realidades conhecidas pelos homens de todos os tempos, mas, para o trabalhador, escravo ou servo, eram apenas concessões toleradas, formas de vida que se expressam furtivamente nas frestas do tempo social. Umberto Eco, de forma imaginosa, mas historicamente significativa, escreveu páginas inesquecíveis sobre o "riso":

"— Mas, pergunta Guilherme, o que te assustou nesse discurso (de Aristóteles) sobre o riso? Não eliminas o riso, eliminando o livro.

— Claro que não, responde o velho monge. O riso é a fraqueza, a corrupção, a insipidez de nossa carne. É o folguedo para o camponês, a licença para o embriagado, mesmo a Igreja em sua sabedoria concedeu o momento de festa, do carnaval, da feira, essa ejaculação diurna que descarrega os humores e retém de outros desejos e de outras ambições. Mas desse modo o riso permanece coisa vil, defesa para o simples, mistério dessacralizado para a plebe [...]. Mas aqui, batia o dedo em cima do filósofo, aqui a função do riso é invertida, elevada à arte. Este livro poderia ensinar que libertar-se do medo do diabo é sabedoria. Quando ri, enquanto o vinho borbulha em sua garganta, o aledão sente-se patrão, porque inverteu as relações de senhoria: mas este livro poderia legitimar a inversão [...] e quantas mentes corrompidas como a tua tirariam o silogismo extremo pelo qual o riso é a finalidade do homem" (Eco, 1983, p. 535).

O drama do Prometeu acorrentado é ainda a imagem mais plástica e expressiva da luta do homem para a libertação do trabalho como instrumento de tortura. O novo fogo que o heroísmo humano roubará do Olimpo da razão sem dúvida será a moderna forma de organizar o trabalho produtivo, isto é, a nova divisão de trabalho e, sobretudo, a máquina. Pelas máquinas, as mãos do homem, conforme pensavam os cientistas do Renascimento, ficariam cada vez mais longe da terra e livres. A partir dos séculos XV e XVI o trabalho exige do homem cada vez menos habilidades das mãos e cada vez mais a livre disponibilidade do corpo. É conhecida "a distinção de Locke entre as mãos que 'trabalham' e o corpo que 'labora'" (Arendt, 1981, p. 50). O trabalhador da modernidade, em função do trabalho manufatureiro e industrial, e como consequência do exôdo rural, sente-se "livre como os pássaros", dirá Marx. Os servos da gleba e os escravos parecem poder "voar" para longe daquela terra avara e sem esperanças onde o "destino" os havia feito nascer, bem antes da dissolução de seu corpo. A máquina foi sempre o grande sonho de libertação do homem; poder o ser humano poupar suas mãos, livrá-las dos calos grossos e duros do *tripalium* para levemente segurar o pincel da pintura desinteressada ou o lápis do desenho e da poesia; ou ainda soltá-las para os belos movimentos da dança e da música ou para os suaves e prolongados apertos do encontro e do amor. A máquina, obra da inteligência humana, poderia finalmente reduzir a jornada de trabalho para transformar o homem escravo em cidadão político, culto e artista.

Infelizmente, este sonho, para ser realizado demorará mais do que a inteligência renascentista esperava, mas, de qualquer forma, é preciso reconhecer que o saldo da revolução burguesa permanece altamente positivo na história da libertação humana. Se Marx necessariamente ironizará essa libertação burguesa ao usar a expressão "livres como pássaros", referente à mão de obra disponível para o trabalho manufatureiro no século XVI, ele próprio não deixa de reconhecer a imensa força revolucionária do capital moderno. De fato, o trabalhador, a partir do século XVII, já adquire nome e cidadania desde seu nascimento, pois a nova forma de trabalho, o *labor*, o libertou do antigo *tripalium*, isto é, soltou-o desse instrumento de tortura, colocando-o no mercado de trabalho onde poderá dispor de sua força, de seu corpo, como sua propriedade inalienável e "livremente" comerciá-la com o capitalista, em troca de salário. Esse homem, ao entrar nas fábricas modernas e ao ver as novas máquinas, reacende sua fé no futuro, começa a acreditar que pode haver, nesta vida, um progresso real, uma diminuição de sua dura jornada; o operário acalenta o desejo de que suas mãos possam brevemente dispor de tempo para a *poiésis*, isto é, para ações criativas, sociais, políticas.

O século XVIII, tão bem refletido na Ilustração francesa, testemunha essa enorme fé da razão humana nas ciências libertadoras dos tormentos fatais, da carestia, da fome, da doença, da ignorância, do medo. O tempo e o movimento do ser humano deixam de se configurar como eternas voltas aos pés da corte celestial que, do alto dos céus, observa, avalia, premia ou castiga. Torna-se, o tempo, um caminho social em direção a uma sociedade humana melhor. A ousadia da inteligência, embasada na esperança do progresso das ciências, não apenas separava a teologia da razão, definindo-as em campos epistemológicos autônomos e independentes, mas também começava a negar diretamente os dogmas religiosos, denunciando-os como falsos.

A educação burguesa, correlacionada a essas novas formas de trabalho, assumiu a tarefa de aprimorar essa mercadoria "especial", isto é, a "livre força de trabalho humano", para os mercados de trabalho. É uma educação que se preocupa com a formação da mão de obra no sentido de torná-la mais adequada às novas funções nas fábricas e nos serviços modernos. Em vez de cultuar as habilidades manuais, reforça o nivelamento cultural, o amor ao trabalho que liberta, amor à disciplina, transmite informações básicas de ciências naturais e mecânicas, difunde uma religião natural, negando os fanatismos, defende o espírito laico e o individualismo civil.

Obviamente, junto a essas novas formas de trabalho sobreviviam as antigas maneiras de produzir. Por isso, ao lado de uma nova educação nacional e laica, conviviam orientações educacionais arcaicas. A moderna escola burguesa não se impôs sem ásperas polêmicas entre os intelectuais educadores dos séculos XVII e XVIII,

## Do *labor* da burguesia à *poiésis* socialista

Já no século XVIII, entretanto, essa livre-força-de-trabalho começava a perceber, com nitidez, que a máquina não estava tão a favor do trabalhador como as ciências progressistas da época apregoavam. A jornada de trabalho nas indústrias não diminuía para os trabalhadores; muito pelo contrário, aumentava, pois só a jornada lucrativa do dono da máquina era beneficiada. Perceberam os trabalhadores que as máquinas tinham vínculos e compromissos políticos com o capital e, por causa disso, acabavam sendo hostis a eles. Enfim, perceberam que as máquinas eram relações humanas, eram políticas e, portanto, começaram a depositar suas esperanças de libertação não tanto nessas máquinas capitalistas, e sim, em seus companheiros, os trabalhadores. Surgiram os sindicatos.

O desencanto com as máquinas enquanto-vinculadas-ao-capital tornou-se desencanto com as ciências "progressistas" que, na verdade, eram vinculadas a essas máquinas. O mesmo desencanto surgiu com referência à educação enquanto orientada para o aprimoramento dessa mercadoria especial, ou seja, a livre-força-de-trabalho para os mercados dos capitalistas.

Ninguém como Rousseau expressou melhor, na época, este desencanto consubstanciado na ruptura com seus colegas da Ilustração. Tornou-se famosa a briga de Rousseau com Voltaire. Ainda não tinha Rousseau, cem anos antes de Marx, as condições necessárias para explicar cientificamente sua revolta contra a cega confiança que o Iluminismo nutria com relação à ciência moderna. À sua maneira, entretanto, mesmo recorrendo a explicações e soluções pedagógicas por vezes arcaicas e individualistas, manifestou seu radicalismo democrático, dando, a nível da alta intelectualidade europeia, o primeiro grito de revolta contra a enganosa ciência pura moderna. Esse "grito" era nada mais que um eco da própria revolta dos trabalhadores, dos pobres e miseráveis, das crianças e mulheres exploradas que aumentavam assustadoramente nas cidades europeias, do avanço das indústrias e da grande maquinaria.

O *Discurso sobre as ciências e as artes*, apesar de sua frágil e desajeitada elaboração, testemunha essa repentina ruptura de Rousseau com os ideais da Ilustração do seu tempo, com os quais, note-se, havia até então comungado. Captou, esse grande intelectual, para além do discurso apologético das ciências modernas, a triste situação geral de seu momento; denunciou, portanto, o negativo e o trágico social que se avolumavam atrás dos bastidores dos salões e dos teatros da época.

De fato, os novos processos técnicos não encurtavam a jornada de trabalho. Mais ainda, a jornada era alongada exatamente como consequência desses novos processos técnicos e das necessidades da rápida acumulação de capital: "As duras condições de trabalho impostas na fase inicial da industrialização levaram a reações, inicialmente espontâneas e mais tarde organizadas, com vistas a conseguir a redução da jornada de trabalho e a preservar um mínimo de tempo livre, imprescindível para a saúde dos trabalhadores. Não podia ser de outra forma. Conforme dizem todos os testemunhos da época, a duração da jornada de trabalho aumentou na primeira metade do século XIX como consequência dos novos processos técnicos e das necessidades de rápida acumulação do capital" (Ledesma, 1979, p. 38).

Ora, se as explicações e as soluções apresentadas por Rousseau nem sempre possuíam a objetividade necessária, os movimentos operários do começo do século XIX, captados e interpretados pelos fundadores do marxismo, já traziam, a nível da teoria, a compreensão científica do fenômeno. Não se trata, diria Marx se contrapondo às soluções rousseaunianas, de fugir para longe das máquinas ou das ciências, e sim de compreendê-las como sendo essencialmente a materialização de relações humanas, isto é, históricas. Trata-se, portanto, de mudar essas relações sociais, e isso é uma questão científico-política. Enquanto, por volta de 1835, ainda eram elaborados discursos de mera apologia da industrialização, como se, de forma autônoma, ela possuísse as virtualidades necessárias para levar o bem-estar a toda a sociedade, outros discursos sérios e científicos eram elaborados, afirmando que o verdadeiro trabalho do homem, de agora em diante, deverá ser essencialmente político, criativo, combativo, de solidariedade, isto é, estava se concebendo uma forma de trabalho humano radicalmente nova e contraposta ao *labor*, que poderia ser chamada de *poiésis* enquanto ação social, complexa e criativa.

Exemplo clássico do discurso apologético do *labor* encontra-se na obra do inglês Andrew Ure, *A filosofia da industrialização*, que, pretendendo defender as manufaturas dos ataques dos sindicatos, na verdade estava apenas protegendo a relação da indústria com o capital: "Uma das mais importantes verdades resultantes da análise da indústria manufatureira é que os sindicatos são conspirações de trabalhadores contra os interesses de sua própria classe e infalivelmente resultam no suicídio do corpo que a forma, um fato que acontece mais rápido quanto mais coercitivo ou melhor organizado for o sindicato. O próprio nome sindicato deixa o capital inquieto e põe a sua engenhosidade objetivando a frustração de seus objetivos. Quando a força de trabalho é deixada fluir tranquilamente dentro de suas margens, tudo vai bem; quando interrompida, torna-se estagnada, sem lucro por algum tempo e então provoca uma desastrosa inundação. Se não fossem os sindicatos, as mudanças de emprego e a substituição do trabalho manual pelo automático raramente seriam abruptas a ponto de afligir o operador" (Ure, 1835, p. 36-7).

Como se vê, trata-se de argumentos que, durante todo o século passado, e ainda na contemporaneidade, serão repetidos até à exaustão no intuito de preservar a relação capitalista do trabalho contemporâneo.

Do outro lado, nota-se ao mesmo tempo o aparecimento de um novo discurso sobre a questão: "Há uma carta em que Marx demonstra que, se até 1825 a produção das máquinas deve-se às necessidades de desenvolvimento da própria produção, ou seja, para aumentar a qualidade de mercadorias produzidas, a partir desta data todo aperfeiçoamento do maquinário passou a ser determinado pela necessidade de enfrentar as exigências dos trabalhadores".[2] Ou, em famosa passagem do livro *O capital*: "Aliviar a labuta diária de algum ser humano não é também de modo algum a finalidade da maquinaria utilizada como capital. Igual a qualquer outro desenvolvimento da força produtiva do trabalho, ela se des-

---

2. Nota de William Asbury, no trabalho de tradução da obra de Andrew Ure, op. cit., nota 9, p. 55.

tina a baratear mercadorias e a encurtar a parte da jornada de trabalho que o trabalhador precisa para si mesmo, a fim de encompridar a outra parte da sua jornada de trabalho que ele dá de graça para o capitalista. Ela é meio de produção de mais-valia [...]. Matemáticos e mecânicos — e isso se encontra repetido aqui e acolá por economistas ingleses — explicam a ferramenta como máquina simples e a máquina como uma ferramenta composta [...]. Do ponto de vista econômico, no entanto, a explicação não vale nada, pois lhe falta o elemento histórico" (Marx, 1984, p. 7-8).

Essa nova compreensão científica de que a relação produtiva é sempre relação humana e política subverte, portanto, toda explicação tecnicista, mecânica, funcional da relação de trabalho. Trata-se sempre de uma relação complexa, política, que exige em contrapartida uma estratégia de libertação por parte da classe trabalhadora, complexa, criadora, informada pela perspectiva do todo social e da superação do conceito burguês de trabalho. "É preciso, dirá a Comuna de Paris, que o operário (braçal) possa escrever um livro, escrevê-lo com paixão, com talento, sem por isso se ver obrigado a abandonar o torno ou a bancada. É preciso que o artesão descanse de seu trabalho diário para se dedicar às artes, às letras ou às ciências, sem deixar por isto de ser um produtor" (Froumov, 1958, p. 187-8).

Nessa perspectiva, a nova concepção de trabalho dos séculos XIX e XX, na forma como a classe trabalhadora a elaborou, é essencialmente o conjunto das atividades sociais marcadas pela superação da divisão entre teoria e prática. Em outras palavras, saber se relacionar com a máquina é, sobretudo, possuir conhecimento científico, tecnológico e político.

A consequência pedagógica dessa nova forma de conceber a atividade humana é evidente. Abandona-se a velha verdade burguesa, de preparar mão de obra para o mercado de trabalho, e afirma-se a clara intenção de "dissolver o caráter de mercadoria da força de trabalho" (Frigotto, 1986, p. 12). O anarquismo das primeiras décadas desse século, lutando contra a coisificação do trabalhador e em defesa da emergência do sujeito criativo, fez com que muitas vezes se olhasse com simpatia para as pedagogias que rejeitam considerar o aluno-trabalhador como um recipiente a ser preenchido, ou como uma mercadoria a ser qualificada, isto é, a ser adequadamente revestida numa embalagem que facilite sua entrada no mercado de trabalho.

É uma luta que muitas vezes toma a única forma possível da resistência. Por isso, defende o "não trabalho" e a redução da jornada, pois a transformação do trabalho burguês (*labor*) em *poiésis* passaria inicialmente por essas bandeiras. Na verdade, nunca o trabalhador defendeu o não trabalho como sinônimo de ócio no sentido vulgar do termo, pois nunca recusou o trabalho e o progresso técnico dentro de uma delirante perspectiva de retorno a um passado bucólico. A *poiésis* é, afinal, a gigantesca obra da revolução, que visa relacionar a máquina com o homem universal e eliminar a separação entre trabalhadores das mãos e trabalhadores da inteligência.

A reflexão contemporânea sobre a relação trabalho e educação, para não se tornar uma monótona e aviltante repetição da velha filosofia da educação que encara o trabalhador como mercadoria, necessariamente precisará eleger como referencial básico a nova concepção de trabalho que a história desses últimos dois séculos pôs em tela, isto é, trabalho como *poiésis*. Consequentemente, a direção atual da luta política dos educadores passa pela intransigente defesa da redução cada vez maior das atividades estritamente necessárias para "regular o intercâmbio orgânico com a natureza", isto é, as atividades pertencentes ao "reino da necessidade" (Manacorda, 1976,

p. 88). Nesse sentido, a mesma luta se dará em defesa da ampliação das atividades consideradas do "reino da liberdade".

É importante observar, a este respeito, que o século XX viu uma inesperada expansão da escola, justamente porque — talvez contrariamente ao que Marx pensava — a escola talvez tenha se relacionado cada vez mais com o conjunto das atividades criativas que fazem parte do reino da liberdade e menos com as estritamente técnico-produtivas. Enfim, a contemporaneidade parece conferir à escola fundamentalmente a função de debater a ciência da história.[3] Gramsci representa, dentro do pensamento marxista, quem compreendeu essa nova função da escola.

## Conclusão: Trabalho e educação no Brasil de hoje

O Brasil, nesse final de século XX, apresenta um quadro social catastrófico. De um lado, observa-se que o desenvolvimento das forças produtivas atingiu os níveis do mais avançado capitalismo; de outro lado, a miséria alastrou-se assustadoramente. Aliás, essa contradição só não faz explodir as estruturas do país porque o imperialismo se utiliza sistematicamente da violência.

Se, em 1825, a tecnologia — conforme citação acima (referida na nota 2) — começou a se desenvolver pela neces-

---

3. Ver o interessante comentário de M. A. Manacorda em *Marx y la pedagogía moderna* (1976, p. 85-94), sobre a questão dos conteúdos escolares. Enquanto Marx parece negar espaço na escola à cultura opinável, Gramsci abre cada vez mais este espaço. A aparente contradição se explica, diz Manacorda, pelo fato de naquele momento Marx estar relacionando a estrutura da escola às atividades humanas apenas do "reino da necessidade", para além do qual "começa o desenvolvimento das capacidades humanas que é fim a si mesmo, o verdadeiro 'reino da liberdade'. Gramsci, mais modernamente, abre a escola para além desse 'reino da necessidade'".

sidade de enfrentar as exigências dos trabalhadores, após a Segunda Guerra Mundial a ciência e a tecnologia radicalizaram essa contradição se desenvolvendo mais direta e violentamente para simplesmente reprimir e liquidar os próprios trabalhadores. Basta pensar na indústria bélica, nas polícias, nos serviços secretos e de segurança, nas ameaças de desemprego, na utilização da propaganda, nos programas de esterilização, nos genocídios por fome, doenças etc. O imperialismo não precisa produzir mais, não precisa de novos mercados, só pretende lucrar mais, concentrar mais e segurar com as armas e a violência política os mercados já existentes.

Dentro desse quadro, a grande tentação para os educadores que debatem a relação trabalho e educação é recuar, em vez de aprofundar sua resistência e luta. Não resta dúvida que a nova forma proposta pela classe trabalhadora de um trabalho criativo, político, concreto, solidário, demanda, a nível educacional, pedagogias criativas, não autoritárias e concretas. Entretanto, o quadro de miséria que aí está e a repressão sistemática do Estado dificultam a organização dos educadores. Por isso há ainda educadores que pensam restaurar, junto às massas miseráveis, os ideais da revolução burguesa que, dizem, ainda não aconteceram plenamente no Brasil. Consequentemente, sugerem abstratas pedagogias de formação de mão de obra para o mercado de trabalho. Quiçá, pensam, os miseráveis das nossas favelas não consigam entrar no mercado de trabalho porque lhes falta um preparo técnico e cívico adequados. Daí sua preocupação em melhorar a "embalagem" dessa mercadoria, mão de obra que ninguém quer. Logo, sugerem a criação de mais cursos técnicos, mais especializações ou estudos e estágios qualificados.

Outras concepções pedagógicas enveredam diretamente pelo lado assistencialista. Homogeneizando indiscriminadamente qualquer tipo de atividade que sirva para a sobrevivência sob a categoria de "trabalho", inventam cursos para cabeleireiros e manicures, para vendedores de quinquilharias ou para artesanatos caseiros. Até para engraxates existem cursos! Erroneamente, pensam que a criança ou o adulto que vende pentes ou cintos nas praças das nossas cidades estão "trabalhando" assim como está trabalhando um operário numa grande fábrica multinacional ou um funcionário de um grande supermercado. Ledo engano. Se, do ponto de vista subjetivo, qualquer atividade humana é merecedora de respeito, pois é a forma imediatamente encontrada para se sobreviver, do ponto de vista histórico a diferença é essencial. Ora, as propostas pedagógicas não podem ir a reboque do imperialismo e sim resistir a ele. Ademais, lembrem-se de que aquilo de que o imperialismo precisa não será solicitado à escola; e o que o imperialismo destrói, a escola não recupera. Observa-se que certas posições pedagógicas assistencialistas, preocupadas com o desemprego e o aumento da marginalização, ao recorrerem a soluções, como aprender a produzir objetos artesanais para venda, lembram as soluções pedagógicas rousseaunianas de todos possuírem uma profissão artesanal (preferivelmente marcenaria). Só que Rousseau escreveu há dois séculos, quando o marxismo não havia surgido.

Outras pedagogias, sem dúvida mais preocupadas com a situação, tomam posições mais críticas. Entretanto, seu caráter abstrato é evidente. Como, por exemplo, pretender ensinar de forma organizada "conteúdos crítico-sociais" diante do universo linguístico e social em que vive a grande maioria dos alunos da periferia e do meio rural? Como elaborar programas rigorosamente planejados, com conteúdos críticos logicamente encadeados, quando nem se sabe como serão apreendidos esses conteúdos? Quando não se sabe o que surgirá no dia seguinte no caótico quadro da política nacional? Quando não se tem a mínima segurança de que o dirigente administrativo de amanhã não mande incinerar todos esses programas? Sem dúvida, o quadro e o momento são de extrema tensão. Entretanto, se a história contemporânea colocou em tela a questão do trabalho como *poiésis*, não há por que pensar que o Brasil faça exceção.

Melhor meditando sobre essa questão, surgem algumas linhas pedagógicas. O trabalho como *poiésis* só é resultado de precárias sínteses que deixam os programas didáticos mais abertos à criatividade e organização dos educadores. Estes tomarão suas decisões a partir de orientações emanadas do coletivo político ao qual pertencem, e jamais do Estado. Constantes avaliações sobre a conjuntura poderão sugerir formas variadas de atividades pedagógicas, pois o Estado, sabe-se, perdeu credibilidade junto aos educadores faz muito tempo. E não é para menos, porque o Brasil teve quase sempre um Estado que prometeu e não cumpriu; um Estado que, em se tratando de educação, só soube interferir, atormentar burocrática e legalmente, "mudando" a toda hora sem mudar a realidade. Qual educador consciente aceitaria elaborar programas didáticos para um Estado cuja relação com os educadores foi historicamente tão desgastada?

Uma pedagogia concreta, portanto, não se preocupa em prever os pormenores didáticos. Move-se em determinado horizonte político, mas sabe que os mecanismos específicos não podem ser fixados enquanto a sociedade se encontra no estado caótico e "anárquico" em que está. Uma pedagogia concreta pode se realizar oferecendo hoje aos alunos uma brilhante aula sobre Galileu e participando amanhã de uma passeata de protesto até a prefeitura; organizando uma reunião de bairro na própria escola um dia e se solidarizando com as reivindicações dos sem-terra, no outro. Uma pedagogia concreta sabe que diuturnamente o imperialismo estuda formas diferenciadas de intervenção social para consolidar seu domínio; portanto, organiza, do outro lado, sua didática, suas atividades pedagógicas de resistência e sabotagem do plano imperialista. Nesse sentido, o trabalho como *poiésis*, nesse final de século, não tem nada de lírico.

## Referências bibliográficas

ARENDT, Hannah. *A condição humana*. São Paulo: Edusp, 1981.

ECO, Umberto. *O nome da rosa*. Rio de Janeiro: Nova Fronteira, 1983.

FRIGOTTO, Gaudêncio. Trabalho, conhecimento e consciência. In: IV CBE. Goiânia, 1986.

FROUMOV, S. *La Commune de Paris*. Moscou, 1958.

LEDESMA, Manuel Perez. El trabajo hace libres? *Transición*, Barcelona, n. 10, 1979.

MANACORDA, M. A. *Marx y la pedagogia moderna*. Roma: Riuniti, 1976.

MARX, Karl. *O capital*. Livro 2. São Paulo: Abril Cultural, 1984. v. 1.

NOSELLA, Paolo. O compromisso político como horizonte da competência técnica. *Educação & Sociedade*, São Paulo, Cortez, n. 14, 1983.

URE, Andrew. *The philosophy of manufactures*. Londres, 1835. Tradução de William Asbury. Serviço de Documentação Educacional. Curso de Mestrado em Educação, Universidade Federal de São Carlos, São Paulo.

# Processo de trabalho e processo de conhecimento

*Carlos Minayo Gomez*

Desenvolvemos aqui uma breve reflexão que, pela sua importância, exigiria maior articulação e um tratamento teórico mais acurado, sobre uma dimensão que está praticamente desconhecida no campo da educação e trabalho. Trata-se de pensar a educação referida ao conjunto de relações existentes no interior do processo produtivo. Ou melhor, colocamos como desafio criar pedagogias educacionais e conteúdos questionadores da atual organização do trabalho.

Existem alguns estudos em áreas de conhecimento como a Sociologia, Antropologia, engenharia de produção, administração, entre outras, que abordam, a partir de diversos ângulos, questões relativas à dominação que tem lugar no processo de trabalho. Nesses estudos encontramos elementos valiosos para interpretar as consequências que derivam, para o trabalhador, da organização capitalista do trabalho: disciplina, desqualificação, monotonia, competição etc. Consideramos de suma importância trazer essa produção intelectual para o terreno da educação e trabalho, de forma a se constituir uma linha de estudo e pesquisa referida ao embate e ao processo de transformação que se dá no interior dos diversos processos de trabalho existentes na produção de bens e serviços. Isso supõe que, além de se considerar o processo de socialização para o trabalho veiculado na escola, é necessário ter em conta que é no próprio processo de trabalho que tem lugar essa socialização imediata, através das diferentes expressões de resistência e de subordinação da força de trabalho.

É com esse intuito que foram alinhavadas estas reflexões, que remetem a toda a problemática do processo de conhecimento e de formação da consciência. Tal problemática gira também em torno da discussão sobre as chamadas "culturas populares", entendidas aqui numa acepção particular, que retiramos de Conclini: "O povo produz no trabalho e na vida formas específicas de representação, reprodução e reelaboração simbólica de suas relações sociais [...] as culturas populares são construídas em dois espaços: a) as práticas profissionais, familiares, comunicacionais e de todo tipo, através das quais o sistema capitalista organiza a vida de todos os seus membros; b) as práticas e formas de pensamento que os setores populares criam para si próprios, mediante as quais concebem e expressam a sua realidade, o seu lugar subordinado na produção, na circulação e no consumo; [...] as culturas populares são o resultado de uma *apropriação desigual* do capital cultural, realizam uma elaboração específica das suas condições de vida através de uma *interação conflitiva* com os setores hegemônicos" (Conclini, 1983, p. 43-4; grifos meus).

É dentro desse corpo de ideias que situamos o campo de nossa reflexão, dando relevo ao processo de trabalho por este constituir núcleo de socialização conflitiva e contraditória dos trabalhadores. Essa perspectiva, que supõe o conhecimento das tramas da luta de classes na cotidianidade da produção, ainda continua ausente no âmbito dos estudos sobre educação e trabalho, como pode inferir-se do esboço sumário que efetuamos a seguir sobre os mesmos.

## Estudos relativos a educação e trabalho

Ao observar os estudos mais conhecidos referentes ao tema educação e trabalho percebemos que, na sua grande maioria, estão destinados a analisar o caráter dos cursos profissionalizantes. Questionam a procedência de considerá-los como cursos de formação ou preparação para o trabalho, discutem em que medida qualificam ou profissionalizam. Valorizam-se, nas análises, as iniciativas da denominada "escola-produção", em que o próprio trabalho constitui elemento pedagógico e educativo. Essa ênfase tem por base a ideia de que se forma no processo do trabalho, trabalhando, o que reforça o *training on job* das empresas, sem questioná-lo. Da mesma forma, esses estudos destacam a importância da aprendizagem teórica para aplicação imediata dos conhecimentos, dentro da mesma lógica oportunista do capital, em que esse "saber realizado" é fonte de sustentação econômica. Inclusive o grande empresário e "teórico" do capitalismo industrial, Ford, já tinha se antecipado a essas concepções de educação e trabalho ao questionar o ensino técnico: "A escola industrial não deve ser um compromisso entre a escola superior e a primária, mas um lugar onde se ensine às crianças a arte de ser produtivo. Se os alunos são postos a fazer coisas sem utilidades, a fazê-las para depois desfazê-las, não podem sentir interesse pelo ensino. E durante o curso fica improdutivo; as escolas, a não ser por caridade, não conseguem assegurar a subsistência dos alunos" (Ford, 1964, p. 280).

A Escola Industrial Ford, fundada em 1916, teve como base esses pressupostos. Os alunos recebiam bolsas de estudo que variavam de acordo com o seu desempenho na produção, e a própria fábrica constituía a melhor fonte de conhecimentos: "Realmente a fábrica oferece mais recursos para a educação prática do que a maioria das universidades. As lições de cálculo são dadas nos problemas concretos de fabricação. As cidades deixam de ser pontos negros nos mapas, e os continentes, páginas do atlas. Assistem à expedição de produtos para Singapura e o desembarque de matéria-prima vinda da África ou América do Sul, de modo que o planeta se torna para eles um mundo habitado e não um globo colorido posto em cima da mesa do professor... A escola dispõe de uma oficina excelentemente montada. Os rapazes vão passando de uma máquina para outra. Trabalham apenas em artigos de que a nossa companhia se utiliza; mas as nossas necessidades são tão grandes que a lista compreende quase tudo o que existe. O produto do trabalho escolar, depois de examinado, é adquirido pela Ford Motor Company; o que não resiste ao exame é lançado à conta de perdas da escola" (Ford, 1964, p. 284).

Os pontos acima defendidos por Ford, não sem neutralidade, podem ser compreendidos diferentemente a partir da ótica do trabalho. O privilegiamento da formação no interior da unidade produtiva revela, além da eficiência nos aspectos práticos, a importância para o capital da criação de uma relação de dependência entre patrões e empregados. As manifestações desse tipo de cumplicidade e a sua utilização pelo capital são estudadas por Maria Cecília Minayo (1986) em relação aos trabalhadores da mineração em Itabira. A

Companhia Vale do Rio Doce detém, aí, 85% da força de trabalho, provenientes do que a autora denomina "mercado primário", isto é, formado pela própria empresa. Essa situação assegura alta produtividade, disciplina e subordinação a partir da relação de "favores" que se estabelece entre os empregados e a indústria. O seguinte depoimento de um torneiro-mecânico, aluno da Escola do Sindicato Metalúrgico do Rio de Janeiro, desvenda com brilho as estratégias de formação das empresas: "O empregado que foi aprender alguma coisa na empresa geralmente fica subserviente aos patrões. Não tem iniciativa própria. Quando o patrão ganha o corpo, ganha a mente também. Se o empresário descobrir isso, ele fará todos os funcionários submissos a ele. Aí todos os empresários vão querer ter muitos centros de treinamentos dentro das empresas".

O que podemos perceber é que esse primeiro grupo de estudos sobre educação e trabalho não leva em conta os meandros da dominação exercida pelo capital sobre o trabalho. Pelo contrário, tem por dadas as relações sociais de produção tais como se manifestam. São quase sempre abordagens embasadas em teorias funcionalistas que se limitam a compreender o sistema existente e propõem seu melhor desempenho.

Frigotto (1985, p. 44-6) analisa um segundo grupo de pesquisas baseadas na crítica interna à teoria do capital humano. Esses estudos, tanto os inspirados na sociologia parsoniana como no pensamento marxista, conduzem à tese de que a estrutura escolar está orientada para inculcar normas e atitudes comportamentais funcionais às organizações da sociedade industrial. Haveria uma correspondência linear entre as relações sociais estabelecidas na educação e as relações sociais de produção, sem espaço para um reordenamento dessas relações em função de interesses das classes subalternas. É precisamente nesse âmbito que está a crítica e o desafio a essa teoria. A escola e as organizações de produção são *loci* de dominação e, portanto, de conflito, de resistência à dominação. E quem se coloca na perspectiva de transformação social encontra também na escola um lugar para fomentar atitudes, normas e conhecimentos questionadores da lógica da organização capitalista do trabalho. Para tanto, é imperativo analisar profundamente as relações sociais de produção e, em particular, os diversos processos de trabalho (que expressam as relações econômicas sociais e de poder existentes em toda a sociedade).

Finalmente, outros estudos têm por objeto o processo de expropriação do saber dos trabalhadores por parte do capital. Analisam algumas consequências do taylorismo, da relação qualificação-desqualificação presente nela, da relatividade da divisão entre trabalho intelectual e manual, assim como formas de resistência dos trabalhadores a entregar seu conhecimento e a submeter-se totalmente ao controle do capital. Certamente esse grupo de abordagens está atento para a dominação que se dá no processo de trabalho. É com o intuito de dar continuidade a essa linha de estudo e relacioná-la com as questões de formação de consciência que passamos a comentar brevemente os principais aspectos do processo de trabalho que interessam a nosso objetivo.

## Educação, trabalho e processo de trabalho

Ao iniciar nossa reflexão partimos do conjunto de questões que Frigotto colocou nesta coletânea como sendo necessárias para se efetuar um real avanço na compreensão da categoria *trabalho*, ancorada no marco das relações de produção. A análise circunstanciada dos fatores estruturais explicativos dessas relações, em cuja base está a contradição fundamental entre o capital e o trabalho, exige que se entre nos diversos planos (econômico, político, ideológico) em que essas relações se expressam na sociedade capitalista atual.

Para efeitos de nosso estudo, nos deteremos no suporte material que fundamenta essa contradição fundamental, ou seja, a dupla dominação que o capital mantém sobre o trabalho, através da propriedade dos meios de produção e através do controle sobre o processo de produção. Sabemos que "esta dominação nunca é estabelecida definitivamente de uma vez por todas. O próprio movimento de acumulação de capital (que modifica mercados de trabalho, processos de trabalho, distribuição geográfica da produção, produz novas condições políticas e ideológicas da luta de classes etc.) assegura que esta dupla dominação deve ser sempre restabelecida em novas condições" (Brighton Group, 1976).

A premissa para o desenvolvimento do sistema capitalista como modo de produção não está, portanto, unicamente no fato de que a força de trabalho, ao estar desprovida da propriedade e da posse dos meios de produção, torna-se mera mercadoria. A questão está em que a união, na estrutura econômica, entre força de trabalho-mercadoria e meios de produção, realiza, ao mesmo tempo, um processo de produção de mercadorias e um processo de valorização sob o controle do capital. O elemento essencial para a viabilização desses processos é a forma social de organização do trabalho.

Marx faz ver isso quando, no fetichismo da mercadoria (Marx, 1971, p. 79), critica a visão invertida veiculada pela dominação capitalista. Na aparência, o objeto-mercadoria é o resultado de uma produção técnica. Na essência, porém, ele é o fruto de relações sociais em que o trabalho vivo transforma o trabalho morto em valor, em capital. Essas relações, que têm o seu suporte historicamente dado, se realizam através da hierarquização do trabalhador coletivo, do controle de seu tempo e espaço, da expropriação de seu saber e de seus instrumentos de trabalho. Na realidade, a história do capitalismo é a história da transformação do trabalhador em força de trabalho e do assalariamento como condição de reprodução do trabalho e do capital. Por isso mesmo, é a história da acumulação do capital e da apropriação da mais-valia, que acontece tendo como pano de fundo a luta de classes intrínseca e permanente às relações de produção.

Em termos do avanço das forças produtivas, a apropriação da mais-valia pode variar, ser mais ou menos efetiva (mais-valia relativa, mais-valia absoluta). Mas, da manufatura à informática, o capital não fará outra coisa que expropriar o saber, o conhecimento do trabalhador, para transformá-lo em trabalho fixo (máquinas e equipamentos). Isso se traduz na passagem da subsunção formal à subsunção real (Marx, 1985), em que o processo de produção artesanal cede lugar à produção em larga escala, mediada pela maquinaria, pela produção industrial. Mas não é apenas em relação às mudanças no processo de trabalho que o capital revoluciona. É também ao nível da concordância entre as áreas financeira, industrial e comercial, internacionalizando e tendo sempre em mira visível o parâmetro da acumulação e da valorização.

Todas as exigências que se transformam em ganância de lucro mostram como fetiche a percepção da tendência ao avanço técnico como sendo uma necessidade social agenciada pelo capital. Na verdade, não há um determinismo tecnológico, isto é, as relações de produção não são determinadas pela maquinaria. Pelo contrário, o motor da história capitalista, que é a história do modo de produção, não é nem o desenvolvimento autônomo das forças produtivas e muito menos a tecnologia, mas sim a luta de classes.

As colocações anteriores nos levam ao interior da problemática que hoje se introduz no campo da reflexão sobre educação e trabalho, qual seja, o trabalho como *mercadoria*. Ela parte do princípio de que o trabalho, na sociedade industrial capitalista, se transformou em mercadoria. Como consequência, o homem voltaria a ser livre quando fosse dono de seu trabalho, quando retornassem a suas mãos seus próprios instrumentos de trabalho, enfim, quando controlasse o que produz e para que produz. A incorporação de tal tema no âmbito da educação constitui indiscutível avanço em relação ao que tem sido estudado até hoje. Ele remete ao próprio projeto histórico da classe trabalhadora de ter nas suas mãos, de coletivizar e controlar os meios de produção. Esse projeto tem a perspectiva de um processo revolucionário, de luta política, de mudança radical das bases do poder na sociedade.

Permanecem, no entanto, em questão as formas em que se dá o processo de trabalho (em continuidade com o sistema capitalista) naquelas sociedades onde teve lugar a coletivização dos meios de produção. Como afirma Singer (1986, p. 36-7): "A questão da socialização dos meios de produção não pode ser mais pensada no capitalismo de hoje como foi pensada, talvez corretamente, pelos clássicos do século passado. Especificamente, o ato de desapropriação dos meios de produção pelo Estado não implica em absoluto a passagem dessa propriedade aos trabalhadores; ela implica unicamente a substituição de administradores profissionais representantes dos proprietários capitalistas por administradores profissionais representantes do Estado. Os trabalhadores, em princípio, continuam tão alienados dentro dos locais de trabalho como antes. E é aí que tem que haver, na verdade, a progressiva conquista pelos trabalhadores do domínio sobre o seu processo de trabalho [...] há que se instaurar uma efetiva gestão operária para poder se falar realmente em uma socialização dos meios de produção".

As ideias ilusórias de que o ato de desapropriação dos meios de produção pelo Estado e a sua socialização levariam à desalienação dos trabalhadores têm suas bases nas teses defendidas pelos partidos comunistas europeus até a década de 1960. Para eles, o socialismo, ao eliminar as superestruturas do Estado e as relações sociais capitalistas, poderia libertar subitamente um potencial gigantesco de expansão e desenvolvimento econômico e social até então neutralizado. O socialismo saberia utilizar bem não só todo o avanço tecnológico herdado, como as capacidades humanas de trabalho para benefício de toda a sociedade, enquanto o capitalismo as utilizaria de forma predatória e parasitária.

Esse tipo de concepção tem implícita a hipótese de que a organização, a divisão do trabalho e as técnicas de produção, na transição ao socialismo, devem ser preservadas na sua forma, e orientadas para fins sociais e de toda a coletividade. Em outras palavras, a organização social do trabalho em termos capitalistas seria, assim, considerada recuperável e o processo de trabalho, um campo neutro.

Gorz (1974, p. 172) chama atenção para o fato de que "toda a tentativa para revolucionar as relações de produção exige uma mudança radical dos meios e técnicas de produção (e não apenas da finalidade de sua utilização): porque a conservação destas faria ressurgir aquelas, através da divisão capitalista do trabalho".

## A alienação do processo de trabalho

Há um vasto campo de estudos a ser desenvolvido sobre os condicionantes ideológicos que constituem a longa história do adestramento social, baseado no dualismo da divisão social do trabalho (trabalho intelectual/trabalho manual). Nesse sentido e dentro do conceito dialético de totalidade, é bom lembrar que todas as instituições de nossa sociedade capitalista (a família, a escola, a Igreja, a política, a economia etc.) contribuem para reproduzir a dominação. Por isso, criam hábitos de comportamento, de ação, de pensamento apropriados ao nosso tipo de inserção no modo de produção. A educação aí se realiza através das relações sociais e é tanto mais eficaz quanto mais corresponde à lógica capitalista.

Algumas instituições, porém, têm um papel explícito na adequação da força de trabalho às finalidades da produção. Bravermam (1981) chama a atenção para algumas instâncias do conhecimento que exercem forte influência na "habituação do trabalhador" ao papel de "fator de produção". Restringindo-nos ao setor industrial, convém observar como historicamente a Psicologia, a Fisiologia e a Sociologia industriais têm sido usadas para as finalidades da valorização do capital. Através da análise dos tempos e dos movimentos, das motivações e das relações de subordinação e resistência, essas disciplinas são usadas para instrumentalizar a seleção, os treinamentos e o ajustamento do pessoal, de forma a se construir um "trabalhador coletivo" apto ao controle de seu trabalho.

Em síntese, o percurso seguido para a "habituação" do trabalhador à produção reflete as diversas formas de como a classe dominante, através de todas as suas instituições e aparelhos ideológicos, organiza a utilização do corpo, no sentido mais amplo do termo: "A espoliação do trabalhador no capitalismo é acompanhada por uma crescente sistematização do conhecimento que visa à preparação do corpo para o trabalho e é propiciada pelo padrão de trabalho sem prazer, que a civilização autoritária e mecanicista criou" (Albuquerque e Brito, 1986, p. 24). Isto é, *pari passu* com o desenvolvimento capitalista, desenvolve-se um processo de dominação do homem nas suas dimensões físicas, fisiológicas, de seu tempo, de seu espaço, de sua vontade, de seus desejos, de seus estímulos e motivações, para adequá-lo à produção.

Essa "habituação" do trabalhador, que ocorre no interior de todo o processo social, tem seu lugar privilegiado no processo de trabalho. É aí que, sob a máscara das relações técnicas, se forja de modo peculiar e determinante a alienação do operário através de um projeto de subordinação do capital. É bom repetir, no entanto, que a resistência perenemente instaurada pela força de trabalho põe limites ao processo de alienação a que está submetida, obrigando o capital a reinventar estratégias novas para atingir sua finalidade.

A referência máxima da alienação operária se encontra nos limites da subsunção real. Nela se realiza a alienação pela expropriação do trabalhador, dos seus instrumentos de trabalho, do processo produtivo e do produto. Ela efetiva a apropriação pelo capital do saber operário e de seu controle. Ainda que a subsunção real nunca se realize em plenitude, por causa da resistência da força de trabalho, ela significa uma revolução em termos capitalistas, em relação à subsunção formal própria às formas artesanais de produção. Aqui é o trabalhador que detém o saber e seus instrumentos de trabalho, mesmo quando está submetido ao capital pelo assalariamento.

As novas formas de relações sociais próprias da produção capitalista industrial de larga escala têm sua história e seus intérpretes. Já no século XVIII se desenvolveram princípios de organização do trabalho, ou melhor, de controle do trabalho pelo capital. O nome de Taylor, porém, internacionalmente conhecido como o pai da "administração científica", marca uma etapa na história das relações capital *versus* trabalho. Ele soube dar corpo e vida a várias ideias e experiências de submissão dos operários, estabelecendo assim as bases necessárias para ajustar o trabalho ao processo de acumulação do capital no último século. Seus princípios, que resumimos a seguir, são suficientemente transparentes para dispensar comentários adicionais:

a) para garantir o controle, a gerência necessita se apropriar do saber-fazer que ainda possui o trabalhador. Deve reunir esses conhecimentos práticos e "classificá-los, tabulá-los, reduzi-los a normas, leis e fórmulas, grandemente úteis ao operário para execução de seu trabalho diário" (Taylor, 1964, p. 52);

b) selecionar e treinar o trabalhador adequado para cada tarefa concebida pela gerência. Para isso não é preciso achar "homens extraordinários, mas simplesmente escolher entre os homens comuns os poucos especialmente apropriados para o tipo de trabalho em vista" (Taylor, 1964, p. 76);

c) programar as operações dos trabalhadores e supervisioná-las, em função de um tempo-padrão predeterminado: "Na tarefa é especificado o que deve ser feito e também como fazê-lo, além do tempo exato concebido para a execução" (Taylor, 1964, p. 55).

Ford aplica e adapta de maneira eficiente esses princípios. Introduz a linha de montagem, o que significa um grande avanço no controle do trabalho. Ao mesmo tempo, preconiza a necessidade de se "produzir" um novo homem, que responda à nova organização do trabalho. Recorre à persuasão, ao aumentar os salários, o que, sem dúvida, repercute na mudança dos padrões de consumo (e, portanto, redunda em benefício de outros setores produtivos), e apela para que os novos capitalistas se tornem atores reais na direção da sociedade:

"Embora os homens de negócio não se deem como líderes dos movimentos, são eles na realidade os verdadeiros chefes. Nem um só passo da atividade econômica existe — bem ou mau — que não tenha sido ensinado ao povo pelos homens de negócio. Daí o terem mais influência na sociedade que os políticos, professores ou sacerdotes. Seu contato com o povo é constante e sua influência inevitável. Cada mau hábito econômico que o povo revela foi-lhe ensinado pelos homens de negócios, e como a influência deles é assim grande, seria de boa política que mudassem de orientação, transformando-se em ledores dos sinais dos tempos, de modo a poderem nortear sadiamente o público" (Ford, 1964, p. 405).

Posteriormente, a escola das relações humanas contribuirá para a incorporação de dimensões psicológicas e sociais tendentes a reduzir resistências individuais ou grupais dos trabalhadores geradas no interior do processo produtivo.

A partir da década de 1960 surgem dois novos modelos de organização do trabalho: o "enriquecimento de cargos" e os "grupos semiautônomos". O primeiro, como comenta Fleury (1985), "admite que as necessidades individuais possam ser satisfeitas em cargos isolados e as necessidades sociais satisfeitas por relações de amizade no ambiente de trabalho. Já o esquema de grupos 'semiautônomos' assume que as relações sociais têm de ser sustentadas por relações de trabalho num esforço cooperativo".

Recentemente, foi implantada uma série de novidades no mundo da produção, novas estratégias ganham corpo: círculos de controle de qualidade (CCQ), automação, *karnban*, *just in time*, entre outras, "que procuram introduzir uma participação tipicamente gerencialista" (Salerno, 1985, p. 202). Todas essas "novas formas de gerenciamento" das relações capital-trabalho são antes de tudo respostas às resistências ao taylorismo dogmático. Elas são obrigadas a levar em conta os trabalhadores como "seres pensantes", ou suas emoções e potencialidades no processo de trabalho, embora continuem a ter a subsunção real como pano de fundo e a valorização como meta inquestionável.

## Consciência, conhecimento e processo de trabalho

Ao pensar nos sujeitos individuais e coletivos configurados na atual sociedade de classes e, mais precisamente, nos trabalhadores coletivos produzidos nos diversos processos de trabalho, podemos concluir que a única via para ultrapassar as diversas manifestações de alienação será a transformação radical da sociedade. Essa mudança radical, essa emancipação se dará no momento em que se criem as condições favoráveis para que o conjunto dos trabalhadores, dos produtores, assumam a direção da produção, o que implicitamente representa tomar a direção da sociedade. Dito isso, deparamo-nos com as diversas estratégias existentes que visam a transformação radical da sociedade e refletem posições diversas em relação às contradições presentes ou futuras entre as classes sociais nos diversos momentos conjunturais. Não cabe aqui entrar no debate político sobre as posições existentes no nosso contexto e sim esperar que o embate político entre as várias correntes não comprometa seriamente as novas correlações de forças entre as classes fundamentais. E isso está interligado com a construção de novos sujeitos coletivos, novas organizações, que articulem e expressem os interesses diferentes e opostos no modo de produção e apropriação dos bens e serviços.

Sem entrar em maiores considerações sobre o processo de construção desses sujeitos coletivos, admitimos que eles nascem e avançam nos confrontos derivados de suas condições materiais de existência e do desvendamento das relações de dominação presentes. Admitimos também que essas condições são derivadas, em última instância, das manifestações históricas da relação entre trabalho e capital, que, para efeitos de nosso estudo, qualificaremos de *práxis*.

Ao falar de práxis estamos aqui restringindo o conceito ao campo das relações estabelecidas pelos trabalhadores em geral no processo de produção de bens e de serviços. E, mais precisamente, às apreensões diferenciadas resultantes do processo de construção dos sujeitos coletivos que, de uma maneira mais evidente, se expressam nas diversas formas organizativas permanentes ou transitórias surgidas em função de interesses comuns. Essas formas organizativas, resultantes e resultado da descoberta de uma identidade coletiva, refletem uma subjetividade, uma consciência da mudança a ser efetuada nas relações de trabalho. Sem desconhecer outras influências provenientes da estrutura sociopolítica, destacamos aqui que "a consciência adquire forma e existência nos signos criados por um grupo organizado, no curso de suas relações sociais" (Bakhtin, 1986, p. 35), considerando as relações específicas das diversas categorias de trabalhadores no processo de produção. Isto é, a consciência gera-se na práxis, a partir da interpretação da realidade cotidiana, das pequenas e continuadas lutas diárias, mas, fundamentalmente, no *confronto* entre sujeitos com interesses opostos.

Descendo ao concreto, é ilustrativo o aprendizado que grupos de trabalhadores realizam em situações extremas, como uma greve, onde se dá uma interrupção brusca de qualquer processo de produção. Constitui momento privilegiado para uma identificação mais precisa dos interesses coletivos em jogo, das novas situações criadas e até, em determinados casos, de desvendamento mais preciso das relações existentes no processo de trabalho. Entre outros saldos, das paralisações resulta uma multiplicação de lideranças.

Esses momentos de confronto tornam-se práxis na medida em que vêm complementados de uma reflexão teórica ("embutir teoria nos fatos") que articule as descobertas fragmentadas, que introduza as mediações pertinentes e propicie a produção de novos conhecimentos conducentes a novas práticas.

Está implícita nas colocações anteriores uma compreensão do processo de formação da consciência que é, ao mesmo tempo, um processo de conhecimento dialético, como conducente a mudanças nas relações de trabalho e/ou nas condições gerais de existência. Essa visão se contrapõe às concepções doutrinaristas e idealistas, que consideram que existe a transformação das consciências e, portanto, das práticas, quando se transmitem aos trabalhadores noções gerais do materialismo dialético. Ou, ainda, quando são denunciadas contradições particulares na sociedade capitalista, sem que essas denúncias correspondam a uma organização capaz de afrontá-las.

Em estudo precedente (Minayo, 1986), desenvolvemos a análise de alguns pressupostos sobre a formação operária. Basicamente desenvolvemos a ideia de que essa formação se insere no bojo do movimento operário. E, para ser eficaz, tem que vincular a luta concreta dos trabalhadores com as categorias de análise que questionam as práticas e a ideologia capitalista, dentro de uma abordagem metodológica dialética. Essa formação é, portanto, um processo, uma perspectiva, um dos componentes do longo percurso a ser realizado pelo movimento operário. Ela remete à organização e aos indivíduos — pois a "consciência" corresponde à subjetividade do plano organizativo — e faz parte da totalidade histórica a que pertence.

No mesmo estudo referimo-nos à postura do educador. Diferentemente dos sindicatos de classe ou dos partidos, o educador tem uma contribuição específica no processo de reflexão, quando ele se coloca no interior das organizações operárias. Pode ser visto como reserva intelectual e como impulsor do processo organizativo, quando contribui para a avaliação das experiências de luta e para as análises e encaminhamentos dos novos passos do movimento. Parafraseando Lukács (1974), dir-se-ia que o educador a serviço da classe operária contribui em diferentes momentos do longo percurso que conduz a uma maior unidade entre o subjetivo e o objetivo, entre as ideias, os pensamentos e a prática social, entre a consciência e a realidade. Ele interfere no processo de transformação da "falsa consciência" em "consciência verdadeira", entendidos esses termos relativizados, como propõe Lukács: "O método dialético não nos permite concluir por uma simples constatação da 'falsidade' desta consciência, por uma oposição rígida do verdadeiro e do falso. Exige, pelo contrário, que essa 'falsa consciência' seja estudada concretamente como momento da totalidade histórica a que pertence e como etapa do processo histórico em que desempenha seu papel" (Lukács, 1974, p. 63).

Pode-se perceber que, quando mencionamos aqui a figura do educador, fugimos ao quadro estreito da questão escolar. Como já dissemos anteriormente, até hoje os estudos da educação e trabalho têm se inclinado para a questão da qualificação profissional. Conforme nos adverte Gorz, "é necessário ultrapassar a tradicional relação escola-qualificação profissional, em proveito de uma abordagem diretamente política, que engloba o problema da organização, do desenvimento industrial e do emprego" (Gorz, 1980).

O mesmo autor chama atenção para a dicotômica relação entre escola e trabalho e nos aponta para a não neutra ineficiência do sistema escolar em relação à classe operária: "Frequentar cursos noturnos é sinal de uma aspiração da massa, isto é, fugir à condição operária voltando à escola. Mas essa tentativa quase sempre acaba em fracasso, pois não há vínculo entre escola e fábrica, entre a necessidade de mudar a natureza e a organização do trabalho e o que a escola ensina" (Gorz, 1980).

Portanto, a questão do educador aqui colocada remete aos agentes que se pautam por um novo código em termos de conteúdo, de metodologia e de postura. Visam menos a integração proposta pela escola que trabalhar com as contradições e conflitos inerentes ao processo de produção capitalista, no interior da organização operária.

## Observações finais

Compreender o trabalho como sendo marcado pela sua condição de mercadoria e pelas consequências da alienação/dominação daí derivadas representa o ponto de partida para o entendimento da relação educação-trabalho. Esse ponto é também a referência básica para uma metodologia alicerçada nas determinações fundamentais impostas pelas relações sociais de produção.

O trabalho-mercadoria é a premissa decisiva para a valorização do capital, realizada no processo de trabalho e determinada pelo grau de controle da força de trabalho. Os estudos realizados para analisar aspectos diversos ou manifestações concretas dessa dominação representam um acúmulo de conhecimentos valiosos para a dinâmica desse controle. Por outro lado, esses estudos evidenciam também expressões diversas de resistência dos trabalhadores coletivos a uma dominação que, como todas as formas de dominação, não é e não consegue ser absoluta.

Essa precariedade perene da dominação — ainda quando ela é hegemônica — é que nos coloca a importância da articulação da "cultura de resistência", ou do que Maroni denomina "discurso da ação". A luta operária se expressa por meio de estratégias de recusa que se realizam no interior do processo de produção: "O discurso da ação não verbaliza propostas políticas, no entanto, elas existem; não propõe alvos claros contra os quais se desenvolve o combate, porém eles não estão ausentes; não define estratégias explícitas para alcançar o fim desejado, porém estas se fazem a todo momento presentes" (Maroni, 1982, p. 18).

O grande desafio é a articulação da "cultura de resistência", de forma que ela se traduza em instâncias organizativas, objetivando mudanças nas relações de produção favoráveis aos trabalhadores. Isso, é claro, representa um longo processo histórico que combina transformações de cunho político geral com transformações nas relações de poder existentes nos centros de produção.

E aí podemos observar o grande hiato entre nossas análises teóricas e o cotidiano da classe trabalhadora brasileira no equacionamento de propostas efetivas de mudanças na relação capital-trabalho. A dominação expressa no processo de trabalho corresponde mais aos parâmetros de subsunção real, enquanto, no plano reivindicatório, são formuladas questões mais próximas à subsunção formal, como salário, produtividade, redução da jornada de trabalho e ritmo de produção. Mais ainda, quando grandes contingentes da força de trabalho estão desempregados ou ameaçados de perder o emprego, na condição conjunturalmente irreversível de ter que vender sua força de trabalho para sobreviver, têm consciência de que a luta pelo emprego é ao mesmo tempo a aceitação da exploração. Essa consciência tinham os operários da Fiat-Diesel de Xerém, Rio de janeiro, na sua greve de 1981 contra o desemprego:

"Estamos lutando pelo direito de ser explorados pelos patrões. A gente está exigindo o direito do emprego, de dar nosso suor para eles".

A educação, como intervenção nas relações sociais mais ampliadas, tem um espaço a ser descoberto no mundo do trabalho. Mas isso significa submeter a escola a uma avaliação realmente transformadora. Conforme Gorz (1980, p. 202), "a real natureza de classe da escola vem da separação que ela introduz entre 'cultura' e 'produção', entre ciência e técnica, entre trabalho manual e trabalho intelectual. O capitalismo de hoje, de fato, não recusa o direito à escola; o que ele recusa é mudar a função social da escola".

Trata-se, portanto, de quebrar, no interior do ensino, a lógica da organização da divisão do trabalho (manual *versus* intelectual) existente no atual modo de produção. Como também critica Gorz, "o esforço dos trabalhadores para terem poder sobre o processo de trabalho esbarra com a rápida obsolescência do seu saber técnico e com a insuficiência dos conhecimentos obtidos". De onde, conclui o autor, "a necessidade que tem o movimento operário de recuperar e transformar a função da escola e da ciência" (Gorz, 1980, p. 201).

Da mesma forma, os "lugares de autonomia" e contestadores da lógica capitalista não estão isentos dela. Portanto, como produtores de educação e cultura que somos, por profissão, temos que construir estratégias questionadoras e transformadoras do próprio processo de produção no qual estamos inseridos. Em qualquer circunstância sabemos que "a resposta só pode ser global, de modo a unificar o que o capitalismo procurou dividir: os operários entre si, mundo da produção e mundo da cultura, escola e fábrica, estudantes e trabalhadores" (Gorz, 1980, p. 209).

## Referências bibliográficas

ALBUQUERQUE, Dayse T. de; BRITTO, Jussara C. de. Efeitos danosos do trabalho sobre o homem. In: _____. Engenharia de Segurança do Trabalho. Rio de Janeiro: Coppe/UFRJ, 1986. (Mimeo.)

BAKHTIN, Mikhail. *Marxismo e filosofia da linguagem*. 3. ed. São Paulo: Hucitec, 1986.

BRAVERMAN, Harry. *Trabalho e capital monopolista*. 3. ed. Rio de Janeiro: Zahar, 1981.

BRIGHTON LABOUR PROCESS GROUP. *The capitalist labour process*. Londres, 1976. (Mimeo.)

CONCLINI, Nestor García. *As culturas populares no capitalismo*. São Paulo: Brasiliense, 1983.

FLEURY, Afonso C. Correa. Organização do trabalho na indústria: recolocando a questão nos anos 80. In: FLEURY, Maria Teresa Leme; FISCHER, Rosa Maria (Orgs.). *Processo e relações do trabalho no Brasil*. São Paulo: Atlas, 1985.

FORD, Henry. *Minha filosofia na indústria*. Rio de Janeiro: Livraria Freitas Bastos, 1964.

FRIGOTTO, Gaudêncio. *A produtividade da escola improdutiva*: um (re)exame das relações entre educação e estrutura econâmico-social e capitalista. São Paulo: Cortez, 1984.

GORZ, André. Divisão do trabalho, hierarquia e luta de classes. In: MARGLIN, Stephen et al. *Divisão social do trabalho, ciência, técnica e modo de produção capitalista*. Porto: Publicações Escorpião, 1974.

_____. *Crítica da divisão do trabalho*. São Paulo: Martins Fontes, 1980.

LUKÁCS, George. *História e consciência de classe*. Porto: Publicações Escorpião, 1974.

MARONI, Amnéris. *A estratégia da recusa*. São Paulo: Brasiliense, 1982.

MARX, K. O fetichismo da mercadoria: seu segredo. In: _____. *O capital*. Livro I, Rio de Janeiro: Civilização Brasileira, 1971. v. 1.

_____. Capítulo VI inédito de *O capital*. São Paulo: Moraes, 1985.

MINAYO GOMEZ, Carlos. Formação operária: alguns pressupostos. *Proposta*, Rio de Janeiro, Fase, n. 30, 1986.

MINAYO, M. Cecília de Souza. *Os homens de ferro*: um estudo sobre os trabalhadores do Vale do Rio Doce em Itabira. Rio de Janeiro: Dois Pontos, 1986.

SALERNO, Mario S. Produção, trabalho e participação: CCQ e Kanban numa nova imigração japonesa. In: FLEURY; FISCHER (Orgs.). *Processo e relações de trabalho no Brasil*. São Paulo: Atlas, 1985.

SINGER, Paul. Opiniões sobre o socialismo. *Socialismo e Democracia*, São Paulo, Alfa-Ômega, n. 9, 1986.

TAYLOR, Frederick W. *Princípios da administração científica*. São Paulo: Atlas, 1964.

# A articulação trabalho-educação visando uma democracia integral*

*Marcos Arruda*

Nossa reflexão sobre a relação entre trabalho e educação, dirigida a este simpósio da Conferência Brasileira de Educação, tem como pressuposto o que foi apresentado pelos colegas que me antecederam: o rico histórico do conceito de trabalho feito por Paolo Nosella e a problematização das *práxis* atuais no contexto do Brasil capitalista, por Gaudêncio Frigotto e Carlos Minayo.

Queremos abreviar assim os nossos comentários: primeiro, uma breve crítica — a partir da nossa vivência como operários de duas empresas transnacionais metalúrgicas —

---

\* Texto extraído da palestra feita no simpósio "Educação e Trabalho" da IV Conferência Brasileira de Educação, Goiânia, 2 a 5-9-1986.

do conceito e da prática de trabalho característicos do sistema do capital mundial (ou do capitalismo transnacionalizado de atualmente); em seguida, apresentar um conceito alternativo de trabalho e ideias para uma nova relação entre trabalho e educação, à luz da filosofia da práxis e das nossas experiências de trabalho político-educativo na Nicarágua sandinista.

## Trabalho repetitivo, educação repetitiva

De que vivência de trabalho queremos falar? De um trabalho não especializado numa grande fundição de São Paulo, subsidiária da Mercedes-Benz, produzindo moldes de areia e resina para confecção de blocos de motor. Uma ocupação representativa do que é hoje grande parcela do trabalho industrial no país. Vamos utilizá-la aqui como ponto de referência para a reflexão mais abrangente sobre trabalho e educação que compartilhamos agora com vocês.

Às 5:55 h da manhã, tínhamos que estar ao lado das máquinas no grande galpão que abrigava 150 operários dessa seção da fábrica (5% do total dos empregados). De lá só saíamos às 6 h da tarde, quando a sirene apitava. Protestos contra a jornada de doze horas eram habitualmente respondidos assim: "Se não quiser, pode ir embora. Há centenas de outros, todo dia, à procura de uma vaga".

A princípio éramos uma equipe de três, montando os moldes com as mãos nuas em caixas altas e pesadas, que atravessávamos com fios de ferro de diversas formas e comprimentos. Depois, passei a trabalhar sozinho numa máquina automática, composta de uma caixa de ferro que abria e fechava sobre trilhos, um depósito com a mistura a injetar na caixa por meio de manivelas e ar comprimido e quatro maçaricos que sopravam gás incandescente sobre a caixa todo o tempo. Para produzir mil moldes por dia, eu tinha que fazer gestos automáticos com grande velocidade, procurando manter uma cadência ininterrupta: depois de encher o depósito com a mistura, acender os bicos de gás e esperar que a caixa estivesse aquecida, eu a fechava mil vezes por dia, movendo uma manivela, injetava mil vezes a areia por meio de outra manivela, esperava a mistura "cozinhar" dentro da caixa, em seguida a abria, mil vezes, para retirar os moldes sobre uma pequena prancha móvel de madeira, mil vezes voltava-me para a longa mesa atrás de mim para empilhar os moldes e mil vezes retornava à máquina.

    Não pensar. Não falar com ninguém. Apenas agir. Um prolongamento de carne e osso daquela máquina de ferro e fogo. O corpo, exageradamente quente durante as onze horas de trabalho, exceto durante o almoço. Ao ponto de os nossos macacões azul-marinho ficarem vincados de branco, rajados pelo sal das nossas transpirações. Isto significava 2.772 horas de transpiração por ano, se eu não aceitasse fazer nenhuma hora extra nem trabalhar aos domingos. No inverno, o frio entrava pelas portas sempre abertas e pelos respiradouros do galpão, resfriando apenas a metade do meu corpo, a que estava oposta aos bicos de gás.

    Durante o almoço ou nos breves intervalos para um café, servido ali mesmo entre as máquinas, conversas, risos, distensão. Mas estavam também presentes os nossos dramas humanos, que pareciam ocorrer apenas fora da fábrica, num espaço quase onírico. O dia a dia da repetição dos gestos é que se impunha como realidade concreta. Interrompido apenas pelo drama sempre inesperado de uma mão perfurada, um braço esmagado ou um corpo queimado. Nessas ocasiões, o chefe de seção e os supervisores corriam para nos forçar a ficar nas nossas máquinas e "confiar no nosso enfermeiro" para socorrer o companheiro acidentado.

Capacitação profissional? Dispensável, do ponto de vista da empresa, pelo menos para a maioria de nós, que além de não especializada era analfabeta. Estudos de cultura geral? Nunca iriam render para a empresa; portanto, nem pensar. E o dispositivo constitucional que obriga as empresas com mais de cem trabalhadores a oferecerem ensino primário aos seus servidores e aos seus filhos? Para a Sofunge, nunca saiu do papel.

Por essa faina quase ininterrupta, ganhávamos o salário mínimo, que, nesse período de 1969-70, valia em média 69% do mínimo necessário para a sobrevivência de um trabalhador, sem contar a sua família. Não admira que uns dez dias antes do pagamento, todo mês, vários de nós tivéssemos que acordar uma hora mais cedo para caminhar até a fábrica, por falta de dinheiro até para a condução. Tínhamos que comprar a comida para a casa fiado no armazém do bairro, ou no açougue, e pagar no dia em que recebíamos da fábrica. Nem nos parecia absurdo que vários de nós pedíssemos para fazer horas extras, trabalhando catorze a quinze horas por dia, mais o domingo.

Este tipo de trabalho é parte essencial do capitalismo modernizado e transnacionalizado. Nessa vida de operário, nós somos a nossa força de trabalho e percebemos que ela vale estritamente aquilo que o capitalista crê que ela pode produzir de ganho para ele. Como ela é uma mercadoria, nós também nos sentimos — e, de fato, somos — reduzidos a mercadoria. Ao vendê-la, perdemos qualquer direito sobre ela, como o direito de definir o seu valor segundo o critério das nossas reais necessidades, o direito de decidir como usá-la, para produzir o quê, para quem. Nossa única "liberdade" é ficar ou sair da fábrica. É a isso que se reduz a liberdade do trabalhador, especialmente em tempos de recessão, quando sua força de pressão e de negociação está reduzida ao mínimo, ou mesmo anulada. Mas, lembremo-nos, vivíamos em plena era do "milagre econômico", com um crescimento anual da renda nacional em torno de 10%. Porém, nossos salários e nossa liberdade eram "de fome", por força do arrocho delfiniano e das práticas repressivas da ditadura militar. Era preciso oferecer altas margens de lucro às empresas, inclusive ao capital de origem estrangeira, supostamente para elevar o Brasil ao *status* de potência mundial, por meio do "crescimento do bolo nacional, antes de dividi-lo". Para nós, porém, era evidente que o bolo, à medida que o fazíamos crescer, já estava sendo dividido e o que restava para nós era quase nada. O fato é que o nível médio de salários do setor produtivo brasileiro está entre os mais baixos do mundo. Essa força de trabalho pouco remunerada e manietada tem sido grandemente atraente para o capital mundial.

Nossa produção de mais-valia ficava, em geral, disfarçada e distante. Várias vezes ouvi este comentário dos colegas de seção: "O que a gente vê todo dia são engenheiros e chefes de seção. Os donos mesmo estão lá fora e a gente nunca vai conhecer".

Um dia, um operário da minha seção convidou-me para um passeio num bairro residencial distante da "nossa" periferia, onde foi mostrando as mansões e os carros. E dizia: "Nós fazemos tudo isso, não para nós, mas para eles".

Para nós, só o trabalho duro, sujo, prolongado, perigoso, mal pago e quase ininterrupto, que nos cansava ao ponto de não termos mais paciência com nossos filhos e, raramente, forças para fazer amor com nossas mulheres. Em pleno fim do século XX, vivíamos uma autêntica experiência do trabalho como *tripalium* (instrumento de tortura da antiguidade, que deu origem à palavra "trabalho").

É curioso como as formas mais rudimentares de trabalho no capitalismo podem conviver, lado a lado, com as formas mais sofisticadas, sobretudo nos países pobres. Muitas empresas hoje mantêm seus operários em condições semelhantes às que descrevi acima, enquanto estão treinando um pequeno número de trabalhadores para o comando e a manutenção de robôs ou de computadores, que fazem sozinhos o trabalho de muitos homens e mulheres. Para eles, a separação entre trabalho intelectual e trabalho manual é diminuída ou disfarçada. A automação e a informatização da produção de bens e serviços exige, sim, trabalhadores cada vez mais qualificados e especializados (uma especialização evidentemente unilateral). Isso, por um lado, promove e melhora as condições de trabalho dessa parcela da força de trabalho; mas, por outro, reduz um número crescente de trabalhadores à condição de subqualificados ou mesmo desqualificados, sujeitos à insegurança, à instabilidade laboral ou mesmo à marginalidade.

Nos países ricos, o trabalho assim concebido está também sendo socialmente redividido. Talvez possamos dizer, num sentido bem objetivo, que a *classe proletária* nesses países esteja sociológica e ideologicamente reduzida às chamadas minorias: os trabalhadores negros, indígenas e imigrantes latino-americanos e orientais, na América do Norte, e os imigrantes do Terceiro Mundo e do sul da Europa, no centro e norte europeus. Para estes, o trabalho está geralmente limitado a modo de subsistência, um direito que lhes é negado sempre que ocorre um surto de automação e informatização, ou um ciclo recessivo da economia. Nas formas mais informatizadas de produção, o trabalho humano é, de certo modo, ainda mais profundamente integrado aos automatismos de máquinas cada vez mais autônomas e eficientes. Num sentido muito real, os seres humanos, nesses sistemas produtivos, são eles próprios automatizados. Mesmo o aumento desenfreado da sua capacidade de consumo, além de garantir a reprodução contínua do sistema, serve para "subjetivar" o ser humano, convencendo-o de que é tanto mais feliz e realizado quanto mais consome, independentemente de se ele produz ou comercializa alimentos, flores, ideias ou canhões, de como produz e de como se relaciona a outros níveis com o resto da sociedade.

Disso tudo, podemos extrair algumas breves conclusões:

a) Na divisão internacional do trabalho do capitalismo transnacionalizado, o único *sujeito* das relações sociais é, de fato, o capital, incorporado nas empresas e bancos e no próprio Estado.

b) Ainda que o capitalismo tenha um sistema produtivo essencialmente dinâmico e transformador que, via inovações tecnológicas, logra diversificar e multiplicar as formas de relações produtivas, sua lógica de acumulação e de reprodução do capital o torna incompatível com políticas de pleno emprego. Em outras palavras, o direito humano ao trabalho é estranho ao sistema mundial de mercado; mesmo quando introduz a intervenção estatal para corrigir as "distorções" do mercado e regular a competição, o sistema não consegue nem pretende garantir esse direito de forma sustentada.

c) Os meios de controle social e os diversos aparelhos ideológicos do sistema — inclusive a educação — visam primordialmente a "domesticação" dos trabalhadores para a servidão voluntária; todos os processos de subjetivação, no plano cultural, social, político e também psicológico são usados para persuadir o trabalhador a tomar sua condição como natural e inevitável, ou para alimentá-lo com promessas sempre adiadas de um futuro de abundância, em suma, para que se conforme com a estreiteza do trabalho humano negado enquanto modo de existir e afirmado apenas enquanto modo de *subsistir* ou enquanto prolongamento da máquina e objeto do capital.

d) Para esses fins é estruturada a educação capitalista. Eis por que ela precisa ser funcionalista, utilitária e unilateral. É preciso que ela consolide na cabeça dos educandos os divórcios característicos da própria divisão de trabalho do capital mundial: entre escola e sociedade, entre trabalho intelectual e trabalho manual, entre saber erudito e saber popular, entre o individual e o social, entre ciência e técnica, entre a necessidade e a liberdade, entre decisão e execução, entre teoria e prática. Cada um destes divórcios contém um grau de antagonismos diferente, segundo a sociedade na qual ocorrem. É fundamental identificar suas raízes — ainda que não seja aqui o lugar de fazê-lo — para podermos traçar as estratégias mais eficazes para superá-los.

## A busca de uma relação criativa entre trabalho e educação

A velha camponesa andou lentamente até o microfone. A sala, apinhada de mulheres, abriu-se para ela passar. Duas deputadas e dois deputados, cada um de um partido diferente, presidiam a sessão dessa assembleia popular de mulheres em Manágua, convocada para debater o anteprojeto de Constituição. Quem não estava presente podia acompanhar os debates pela televisão: "Sou camponesa do Coá. Há tempos vim para Manágua com minha família. É a primeira vez que esta velha trabalhadora fala num microfone para tanta gente ouvir. Estou muito feliz".

Seu rosto se iluminou num sorriso distorcido, pois continha um soluço de emoção. Depois de um breve momento, continuou: "Ainda mais, para dizer minhas ideias sobre a Lei Maior da nossa Nicarágua. Isto nunca havia acontecido na história deste país: o povo trabalhador fazendo com o governo a nova Constituição".

Na fala desta mulher trabalhadora havia uma consciência nova. Ela sabia que, com seu trabalho, construía o mundo. Sabia também que aqueles que a desapropriavam dos frutos do seu trabalho no passado, fechavam também sua garganta. Hoje ela se emociona ao ouvir sua voz comunicando-a com centenas de outras mulheres. Uma velha trabalhadora que *fala*. Falando, se reapropria da sua subjetividade, redescobre a sua identidade singular e assim começa a superar o antagonismo social da relação de alienação e opressão, na qual ela se submetia à subjetividade dos que tinham voz. Um antagonismo que vai além dos antagonismos econômicos e políticos, ainda que tenha neles a sua origem primeira.

Mas não é uma fala qualquer. Nesse momento, a velha trabalhadora participa da criação da Lei Magna do seu país. Ela sente o poder de influir nos modos de orgnizar a sociedade e as relações. Sua fala se junta à fala de milhares de outros trabalhadores que dizem-se uns aos outros e à Assembleia Constituinte quais as leis que desejam para reger a nação. É, pois, uma fala eficiente, uma fala que ajuda a construir e constituir a própria nação.[1]

---

1. Em junho de 1986, passei quatro semanas na Nicarágua assessorando o Ministério da Educação na redefinição da política educativa. Assisti, nesta ocasião,

A democracia participativa que se constrói hoje na Nicarágua, apesar das condições crescentemente adversas criadas pela política intervencionista dos Estados Unidos é, num sentido muito concreto, produtora de sujeitos, construtora de singularidade (na acepção de F. Guattari, 1986). Isto está sendo possível justamente porque existe uma luta para promover o trabalho a valor central ou força motriz da sociedade. Os discursos e as políticas do governo desde o triunfo da Insurreição Popular, em 1979, têm colocado os trabalhadores como o sujeito principal da construção da nova Nicarágua. As distorções e deficiências que decerto estão presentes na implementação dessas políticas decorrem da dificuldade de, num prazo tão curto como estes sete anos, colocar na prática decisões que implicam não somente mudanças estruturais e institucionais, mas também mudanças de atitudes, comportamentos e modos de sentir e relacionar-se que estão profundamente enraizados por quatro décadas e meia de ditadura.

Ilustra bem isto a fala do comandante Tomás Borge, o único fundador da FSLN (Frente Sandinista de Libertação Nacional) que sobreviveu à guerra civil, dirigindo-se a uma concentração de operários e camponeses, após uma semana de autoavaliação pública pela liderança política do país, ainda em 1979: "Não pensem que, porque nós conduzimos a insurreição popular e vencemos, estamos isentos de cometer erros. Fiquem alerta! Estejam sempre prontos para criticar-nos, de modo que nossas ações estejam sempre de acordo com as necessidades e os interesses de vocês" (In: Arruda, 1980, p. 44).

---

a alguns desses *cabildos abiertos* em que diferentes setores da população vinham debater o anteprojeto de Constituição e formular suas próprias propostas. Ao todo, mais de 200 mil pessoas participaram deles e de outras atividades em torno da Constituinte. Em proporção à população total, teríamos no Brasil cerca de 12 milhões de cidadãos debatendo e divulgando sugestões para a nova Constituição.

Mas é evidente que o estabelecimento da primazia do trabalho sobre o capital não resulta apenas de intenção ou vontade política, nem pode ser imposta por decreto. A concepção dominante e o papel do trabalho em cada sociedade reflete e resulta do modo como a produção está organizada e o trabalho está dividido.

## A redefinição do trabalho

A construção de uma visão do trabalho alternativa à do capital mundial implica negar a reificação, o utilitarismo e o reducionismo que a práxis capitalista impõe ao trabalhador.

Para Marx, trabalho é atividade produtiva, prática do manejo dos instrumentos essenciais a todos os ofícios, associada à teoria como estudo da própria realidade e dos elementos e princípios fundamentais das ciências. Um trabalho que se fundamenta no saber mais atual, mais transformador, mais abrangente e que exclui toda oposição entre cultura e profissão. Marx fala na formação intelectual e espiritual associada à formação técnica e científica. Daí a sua proposta de formação do "homem omnilateral". Seu aceno com o "reino da liberdade" abre um horizonte ainda mais amplo para o desenvolvimento das relações dos seres humanos entre si e com a natureza.

Para Gramsci, o trabalho é a própria forma de o ser humano participar ativamente na vida da natureza a fim de a transformar e a socializar. Daí sua proposta de uma "escola inicial única de cultura geral, humanística, formativa, que considere justamente o desenvolvimento da capacidade de trabalhar de forma manual (técnica, industrialmente) e o da potencialidade do trabalho intelectual" (Gramsci, 1967, p. 141).

A forma mais completa e abrangente de sintetizar (interpretativamente) essas definições é, primeiro, sublinhar a natureza relacional do trabalho; segundo, reconhecer nele o próprio modo de ser do homem no mundo, envolvendo, portanto, não apenas sua relação com a natureza — sua atividade produtiva social —, mas também as outras dimensões sociais, políticas, culturais, estéticas, artísticas etc.; terceiro, enfatizar que, por meio do trabalho, o homem produz também sua subjetividade; e, quarto, tal concepção de trabalho envolve uma percepção não compartimentalizadora nem reducionista do ser humano: ao contrário, este deve ser concebido com um ser em processo, pluridimensional, que vai se construindo por meio do seu viver e fazer e que vive, ao mesmo tempo, as várias dimensões da sua realidade corpórea, mental, intelectual, intuitiva, afetiva e espiritual.

A partir de uma concepção como esta, é possível um país como a Nicarágua definir uma política de primazia para o trabalho sobre o capital, colocar estrategicamente os trabalhadores como o sujeito principal do processo de construção da nova sociedade e desenvolver os meios e os mecanismos práticos para concretizar essas políticas.

## A valorização do trabalho

Seguindo esta vereda, encontraremos desafios de diversos níveis e graus de dificuldade. Primeiro, o desafio de criar um sistema que viabiliza a superação do divórcio entre trabalho intelectual e trabalho manual. No caso dos jovens e adultos da Nicarágua, é necessário um duplo trabalho de capacitação: dos trabalhadores manuais, para que ampliem gradualmente seus horizontes de saber e de percepção, com vistas a se tornarem sujeitos decisores nos seus campos de atividade, na sua vida de cidadãos e mesmo no seu universo pessoal, familiar e comunitário; e dos trabalhadores intelectuais, para que aprendam a compartilhar as tarefas da produção material — na sociedade, na comunidade e na família —, inclusive a fim de liberarem os primeiros para a atividade formativa, sem prejuízo da produção material. Em ambos os casos, vai ficando evidente que, lado a lado com a luta pela mudança das estruturas sociais, econômicas e políticas, ou melhor, no próprio seio dessa luta, desenrola-se outra muito mais sutil e complexa: a luta por uma práxis social solidária e democrática também no plano dos valores, das atitudes, dos comportamentos, das relações interpessoais, das expectativas, de tudo, enfim, que compõe o nosso universo cultural (no sentido mais abrangente) e espiritual.

Segundo, o desafio de valorizar concretamente os trabalhadores manuais — que têm sido historicamente os mais explorados — e recompensar com maior equidade o seu trabalho. Nesse sentido, diversas medidas têm sido tomadas, a partir do triunfo sandinista, para valorizar materialmente o trabalhador nicaraguense. Logo de início, foram adotadas políticas de crescente participação da sociedade no controle dos meios de produção, assim como a política de reduzir o diferencial de salários no setor público para a razão de cerca de 1:10, uma das mais baixas do mundo.[2] Além disso, pela

---

2. No Brasil, em 1985, os que ganhavam mais de cinco salários mínimos eram pouco mais de 10% da população economicamente ativa; a faixa salarial mais alta, para efeitos fiscais, era "1.084 salários mínimos para cima!".

primeira vez na história do país os trabalhadores estão solidamente organizados e informados, e discutem seus salários com argumentos que partem de uma base científica. Caminha-se atualmente para a vinculação dos salários com a produtividade e para a adoção generalizada do princípio "igual salário para igual trabalho". Porém, a dimensão subjetiva desta problemática é tão importante quanto a material: trata-se de desenvolver uma nova lógica de valorização do trabalho, que se traduza em políticas concretas e que inspire novas atitudes e novas formas de relação social. Pois é preciso questionar não apenas o conteúdo explorador e alienador do trabalho produtivo capitalista, mas também as formas capitalistas de organização da produção, de divisão social do trabalho e de relação com a natureza. Isto é, desenvolver alternativas à estrutura fabril de cadeias de produção, ao mercado capitalista e às formas racionalistas e elitistas de divisão do trabalho. Daí a importância da organização dos trabalhadores nas suas próprias unidades produtivas, com relativa autonomia e efetiva articulação, de modo que possam ir vivendo no seu dia a dia os potenciais de imaginação, criatividade e solidariedade. É dessas vivências que emergirá a nova práxis democrática, capaz de gerar novas atitudes e comportamentos entre eles e a transformação radical das estruturas e instituições em que atuam.

## A nova relação trabalho-educação

Para que exista uma relação interativa e fértil entre trabalho e educação, é indispensável superar a noção de que a educação tem um objeto em si mesma e, portanto, subordina o trabalho enquanto outro polo da relação. Este viés é responsável pela inversão dos termos e das prioridades, criticada anteriormente por Frigotto.

Ao contrário, a educação não tem um sentido *em si*, é educação *para*. Sua finalidade, portanto, está *fora* dela e só é possível identificar esta finalidade em contextos histórico-sociais específicos. Na Nicarágua sandinista, a educação está, como diz o ministro-padre Fernando Cardenal, em estado de revolução, isto é, busca redefinir-se em função de uma nova finalidade que já não é a seleção, a adaptação e a subjetivação dos cidadãos para ocuparem lugares fixos e funcionais na estrutura hirárquica da produção e da sociedade, mas a criação de *sujeitos* capazes de pensar, fazer e criar com autonomia indivíduos, comunidades, grupos sociais, povos; capazes de maximizar a utilização dos seus potenciais e recursos físicos e humanos de forma solidária nas relações sociais e harmônica na relação com a natureza; capazes de autogovernar-se e governar coletivamente as suas diversas unidades de trabalho e de existência, da mais universal e geral à mais local e específica.

É indispensável também questionar a noção reducionista e utilitária que reduz o trabalho à produção material da subsistência e a educação a uma função social seletora e especializante daquela produção. O trabalho, no sentido mais abrangente de *poiésis* (Dussel, 1978), no sentido da produção do próprio existir humano — físico e psíquico, material e imaterial, individual e social, objetivo e subjetivo —, do descobrimento e da produção do mundo, e a educação como o processo permanente de capacitação do ser humano para esse existir, para esse descobrir a para esse produzir e produzir-se, eis os faróis capazes de iluminar o itinerário da construção de sociedades humanizadas, como ocorre na Nicarágua.

"Todos [...] dizemos ser a favor de uma educação formativa, na qual o educando seja sujeito ativo de sua própria educação, uma educação participativa, ligada à vida, que forme o homem integral, que desenvolva os valores morais e estéticos, que permita adquirir habilidades que sirvam para se encaminhar na vida, que desenvolva o sentido social e solidário e não o egoísmo individualista e competitivo, uma educação que promova a reflexão, a atitude crítica e autocrítica, libertadora [...]" (Silva, 1986, p. 2).

a) O desafio de *articular* não mecânica e diletantemente o trabalho com a educação nas escolas infantis. Trata-se aqui de, partindo do fato de que a atividade predominante das crianças até a adolescência é o estudo, assim mesmo fazer a *poiésis* — enquanto trabalho útil para produzir e comunicar bens e serviços materiais, culturais e mesmo espirituais — a razão de ser da educação. Trata-se de extrair da vida real da criança e dos seus diversos mundos (o da família, o dos amigos, o da comunidade, o da fantasia etc.) os currículos e programas de estudo. Trata-se de conceber o sistema educativo não como simples depositário ou canal de transmissão de um conhecimento já acabado e definitivo, que se chama equivocadamente de saber científico, mas sim como um processo complexo de relações de ensino-aprendizagem que visa acima de tudo capacitar os estudantes, desde a infância, para se autoeducarem, isto é, pensarem e agirem com autonomia e, assim, descobrirem e construírem o novo conhecimento. Trata-se de desenvolver *educadores integrais*, capazes de tomar como centro do processo educativo não a palavra e o saber magisterial, mas todas as atividades e vivências da criança, os seus processos de descobrimento, socialização e singularização. Trata-se do desafio metodológico de tomar a prática como ponto de partida e de chegada na construção do novo conhecimento. Trata-se do desafio de articular dialeticamente a prática com a teoria, o fazer com o saber, o agir com o pensar, condição indispensável para a formação de sujeitos autônomos, eficientes e criativos.

"Creio que", escreve Gramsci à esposa, falando dos filhos, "em cada um deles se dão todas as tendências, tal como em todas as outras crianças, seja para a prática seja para a teoria e para a fantasia e que, inclusive, seria melhor guiá-los neste sentido para uma formação harmoniosa de todas as faculdades e práticas, que terão ocasião de se especializar, a seu tempo, na base de uma personalidade vigorosamente formada no sentido totalizante e integral" (Gramsci, In: Manacorda, s.d., p. 184).

Tais concepções, insistimos, obrigam a um profundo repensar os programas e as disciplinas, os métodos pedagógicos e os materiais didáticos, a relação educador-educando e, enfim, o próprio espaço-tempo em que deve desenrolar-se o processo educativo.

b) O desafio de *integrar* o trabalho com a educação dos jovens e dos adultos. Trata-se aqui de tomar como ponto de partida o fato de que, ao contrário das crianças, os jovens e adultos têm (ou deveriam ter) como principal atividade existencial o trabalho; portanto, ou se desenvolve um sistema flexível e permanente de educação que tenha como "matéria-prima" e finalidade as próprias atividades produtivas dos educandos, ou se recairá inevitavelmente na exclusão, no academicismo e no elitismo. Na Nicarágua, este desafio se resume em como transformar o trabalhador em estudante, técnico, cientista e ainda mais artista sem que deixe de ser trabalhador (Arruda, 1986, p. 7).

c) O desafio de superar o caráter prático-formal ou funcionalista dos métodos capitalistas de ensino, responsáveis pela multiplicação das escolas profissionalizantes como parte de um processo que homogeneíza, massifica e especializa unilateralmente o trabalho e, assim, cria estratificações internas nos distintos grupos sociais. Se o objetivo fosse apenas desenvolver as habilidades do ser humano para o trabalho, bastaria aos países pobres modelar seus sistemas educativos pelos dos altamente industrializados. Trata-se, contudo, de fazer do trabalho o próprio modo de existência, expressão e libertação do ser humano e da sociedade; portanto, de responder ao desafio de criar um sistema educativo em tudo superior ao que o capitalismo foi e é capaz de criar.

d) O desafio de desenvolver um processo educativo orientado para a *democracia*. Não a democracia liberal, de qualquer tipo que seja, mas a democracia em que todos e cada cidadão participem efetivamente como sujeitos — individuais e coletivo — da construção do universo, da sociedade e de si próprios enquanto pessoas, comunidade, povo e humanidade. Isto só poderá se realizar se todos participarem de uma educação omnilateral, que forneça e edifique uma visão global e universal associada à competência específica, que desenvolva na prática e na teoria a capacidade de escolher e decidir, que articule criativamente a igualdade de direitos com a diversidade de talentos e capacidades; uma educação em que todos disponham de todas as possibilidades da atividade cultural e do trabalho científico, capacitando-se, como sugere Gramsci, para ser "governantes", quer dizer, para a tomada e a implementação das decisões, para a administração da produção e a construção da vida.

e) O desafio de superar o confinamento da educação às escolas, salas de aulas e educadores profissionais. Trata-se de reconhecer que todas as instituições e seus funcionários desempenham, simultaneamente ao papel político-cultural ou político-econômico, um papel educativo em relação às suas bases sociais. Trata-se, portanto, de abrir as portas do processo educativo para a sociedade e o mundo e de transformar em educadores todos os membros da sociedade, desde os dirigentes de governos, sindicatos e associações diversas, até os trabalhadores e os pais e mães de família.

f) O desafio, enfim, de unir a educação ao trabalho de tal modo que o processo educativo, enquanto gerador de sujeitos, esteja situado no coração mesmo de um sistema produtivo humanizado.

## Referências bibliográficas

ARRUDA, M. A nova Nicarágua. In: *Cadernos do Ceas*, Salvador, n. 68, jul./ago. 1980.

_____. *A metodologia da práxis e a educação popular libertadora na Nicarágua sandinista*. Rio de Janeiro, 1986. (Mimeo.)

DUSSEL, E. *Filosofia de la poiésis*. México: Universidade Autônoma Metropolitana Azcapotzalco, 1978.

GRAMSCI, A. *La formación de los intelectuales*. México: Grijalbo, 1967.

GUATTARI, F.; ROLNIK, S. *Micropolítica*: cartografias do desejo. Petrópolis: Vozes, 1986.

MANACORDA, M. A. *Marx e a pedagogia moderna*. Lisboa: Iniciativas Editoriais, s.d.

SILVA, Edgar. *Las transformaciones tecnollógicas y la capacitación en las zonas rurales*. El Crucero, Ministério de Educação da Nicarágua, fev. 1986. (Monografia.)

# O direito do trabalhador à educação

*Miguel G. Arroyo*

Seria difícil encontrar um governante ou um representante da burguesia de um país desenvolvido que levasse hoje a sério as recomendações que Voltaire fazia ao rei da Prússia em 1757: "A canalha (as massas) é indigna de ser esclarecida [...] é essencial que haja cozinheiros ignorantes [...], e o que é de lei é que o povo seja guiado e não que seja instruído". Os governantes e a moderna burguesia, por esclarecimento ou por pressão do povo "ignorante", tiveram que seguir as recomendações que na mesma época fazia Diderot à imperatriz da Prússia, defendendo a instrução para todos: "É bom que todos saibam ler, escrever e contar", dizia ele, "desde o primeiro-ministro ao mais humilde dos camponeses". E justificava: "Porque é mais difícil explorar um camponês que sabe ler do que um analfabeto" (In: Ponce, A. *Educação e luta de classes*. Lisboa: Vega, p. 175).

Nas propostas desses dois esclarecidos representantes das elites podemos encontrar um dilema que estará presente nas lutas pela educação dos trabalhadores nos últimos séculos: de um lado, defender como bom que todos saibam ler, escrever e contar, até o mais humilde dos camponeses — democratizar a instrução elementar; de outro lado, não permitir que os trabalhadores sejam esclarecidos, mas controlar sua formação, mantê-los ignorantes para serem guiados pela burguesia esclarecida — controlar, reprimir o saber, a educação, a organização e constituição das classes trabalhadoras. A história da educação burguesa para o povo comum gira em torno desse binômio: permitir sua instrução e reprimir sua educação-formação, ou o binômio libertar e reprimir, *libertar* o povo dos preconceitos da velha ordem através de um mínimo de modernidade, e *reprimir* o saber e o poder de classe. Se olharmos apenas o primeiro elemento do binômio, teremos uma história da educação marcada pelo avanço da instrução popular, pela modernização do povo, por sua civilização e inserção no mundo letrado e na cidadania formal. Evidências não faltam para reconstruir essa história civilizatória da instrução. Em todos os países pode ser constatada uma tendência à expansão da escolarização. Os trabalhadores frequentam vários anos de escola em inúmeros países e a instrução elementar para todos deixou de ser uma proposta de intelectuais progressistas e passou a fazer parte da lógica da própria sociedade capitalista.

Cabe indagar: a expansão da instrução ao povo comum teria sido uma dádiva da burguesia que teria renunciado a guiar e controlar seus trabalhadores? Teria encontrado uma estratégia política de continuar guiando e explorando o trabalhador apesar de escolarizado? Em outros termos, nesses dois séculos, a burguesia e seus gestores do público teriam encontrado mecanismos de administrar os dois polos do binômio: expansão da instrução e controle da educação e do saber? Ou o povo teria aprendido seus direitos e teria pressionado para garantir instrução e educação?

A história nos mostra que a luta pela instrução, a educação, o saber e a cultura faz parte de uma luta maior entre as classes fundamentais, não apenas nos países ditos desenvolvidos, mas também na nossa história. Se lá o direito à escola e à instrução deixou de ser uma proposta para ser uma realidade, entre nós a garantia do direito do povo à instrução e à educação ainda tem de ser defendida com a ênfase que merece. Até hoje a instrução do camponês e do trabalhador em geral não passou de uma proposta sempre repetida por intelectuais e educadores e exigida pelo povo. A burguesia nacional e internacional que compra e explora brutalmente a força de trabalho parece acreditar ainda na observação feita por Diderot há duzentos anos, que é mais difícil explorar um camponês (um trabalhador) que sabe ler do que um analfabeto.

No final da década de 1920, as burguesias agrárias mineira e paulista disputavam entre si o trabalhador analfabeto, pois "receavam do trabalhador que sabia ler e discutir seus direitos". Ainda nesse final de século, existem setores importantes das classes dirigentes que compartiriam a proposta aristocrática de Voltaire: "O povo é indigno de ser esclarecido [...] é de lei que ele seja guiado e não seja instruído".

Frente a essa visão depreciativa para com o povo comum e com os trabalhadores encontramos uma história de pressões do povo e dos educadores pelo direito não apenas a ser instruído, mas a ser esclarecido e a ser reconhecida sua capacidade de pensar, decidir sua sorte, ser sujeito de saber e de cultura. Esse conjunto de lutas faz parte de uma luta maior pelo direito à educação entendida em sentido amplo.

A IV CBE faz parte dessa luta maior, e o tema do simpósio em que se dá nossa participação reflete uma nova qualidade no seu tratamento: "O ensino de 1º grau: garantia do direito à educação e o desafio da qualidade".

## O direito do trabalhador à educação não se esgota na escola

A nova qualidade que encontramos no tratamento do velho problema da democratização da instrução é que esta é enfatizada enquanto *direito*. E mais, se integra o direito do povo à instrução no direito mais total à *educação*. Julgamos que defender o direito dos trabalhadores à educação é uma proposta mais radical do que apenas defender escola para todos. A distinção entre educação, entendida enquanto instrução, e educação entendida enquanto produção-formação de homens, construção da identidade de uma classe, é uma velha distinção que vai além de uma pura diferença nominal e encontra uma longa e tensa tradição teórica e prática. Entre nós a negação da escola ao povo faz parte não apenas de uma negação dos instrumentos básicos transmitidos pela escola, mas da negação do direito das classes trabalhadoras à educação e à formação da cultura e da identidade enquanto classe. Se integrarmos a democratização da instrução ao direito básico à educação terá maior sentido político a luta por mais escolas, melhores escolas, material didático bom e farto, profissionais com melhores condições para exercer um trabalho competente.

Dentro desse equacionamento, a questão que pretendemos colocar é a seguinte: o direito das classes trabalhadoras à escola esgota seu *direito à educação*? O que vem sendo sistematicamente negado aos trabalhadores é fundamentalmente o domínio dos instrumentos básicos que a escola transmite: leitura, escrita, noções de ciência, contas? Como lembrávamos, a experiência dos países de formação capitalista mostra que esse direito demora, mas chega. Até nos países dependentes vai chegando, ainda que tarde e à custa de pressões. Mais ainda, a escola onde todos passam um tempo cada vez mais longo, passou a fazer parte da lógica da sociedade capitalista e hoje, nos países avançados, constitui um dos mecanismos usados para distribuir cada um no seu lugar, no lugar que por capacidade e mérito comprovado e atestado lhe corresponde na divisão do trabalho. Entretanto, o direito à educação, os avanços das classes trabalhadoras na formação do saber, da cultura e da identidade de classe continuam sendo sistematicamente negados, reprimidos e, enquanto possível, desestruturados, por serem radicalmente antagônicos ao movimento do capital.

No momento em que a luta legítima pela garantia do direito das classes trabalhadoras à educação é retomada, julgamos necessário recolocar a questão: vamos reduzir educação à instrução? Vamos separar a negação da escola da negação do direito à educação? Parece-nos que as análises e propostas que vêm sendo feitas dentro e fora da gestão do público se restringem a garantir o ensino, a escola, o domínio dos instrumentos básicos que ela transmite, o que é visto como expressão da garantia do direito das classes trabalhadoras à educação. O tema do simpósio parece sugerir essa identidade. Mais ainda, enquanto hoje se defende dentro do Estado o direito à educação escolar como garantia do direito do cidadão, se reprime o povo comum, especialmente os trabalhadores, quando tentam exercer esse direito, consequentemente se reprime o processo de educação para a cidadania que é inerente à luta e ao exercício da própria cidadania. É a estratégia da burguesia para seus trabalhadores: expandir a escolarização, reprimir a educação. Outro exemplo, quando um grupo de educadores passa a dar ênfase ao direito à educação e não apenas à escolarização e passa a prestar atenção aos processos educativos que se dão na prática social e se propõe teorizar sobre essa realidade, criar espaços e metodologias para essa prática educativa e integrar a educação escolar nessa prática, social mais global, essa postura é pichada de populismo pedagógico, antiescola, conservadorismo de vanguarda, mitificação da cultura popular.

O que está ficando claro no debate fecundo entre educadores, que sem dúvida coincidem num compromisso real com a educação das classes trabalhadoras, é que não há coincidências no próprio conceito tão usado, *direito à educação*, ou que partimos de uma percepção diferente de por onde passa o educativo na história e onde se situam as lutas entre as classes pelo saber, pela educação e pela cultura.

## A revolução no saber, na identidade e a formação das classes

Ao longo de nossa formação social os conflitos pela educação entre elites-massas, Estado-povo, burguesia-proletariado passam basicamente pela negação-afirmação do saber, da identidade cultural, da educação e formação da classe. A luta pela negação-expansão da escolarização só é compreensível se inserida naquela luta maior.

Na variedade das lutas populares podemos perceber não apenas um movimento em prol da participação nos bens sociais, econômicos e culturais produzidos na sociedade capitalista, mas um movimento social para a construção de uma sociedade alternativa. Esse movimento, enquanto práxis social, traz em si uma revolução no saber, no reconhecer-se, educar-se e formar-se das classes. Essas diferentes lutas educam as classes trabalhadoras, redefinem sua visão do social. No mesmo movimento global em que refazem o social se fazem como sujeitos sociais conscientes com identidade coletiva. Não se trata de um movimento espontâneo, nem de uma relação automática entre pensamento e ser, eles estão diferenciados e ao mesmo tempo em unidade um com o outro, são momentos de um todo único e articulado. A produção do saber e da cultura é um momento dessa práxis social, enquanto fazer humano de classes sociais contraditórias. No permanente movimento social pela construção de uma sociedade alternativa, vai se construindo um conjunto de práticas e de concepções sobre o todo social que questionam e desafiam as práticas e concepções hegemônicas.

É a esse processo educativo que a burguesia e seu Estado reagem, tentam negá-lo, desarticulá-lo, confundi-lo. As formas são as mais variadas, como a negação de uma base material para uma vida humana, o excesso de trabalho extenuante, as péssimas condições materiais de existência, a negação de tempos e espaços culturais e educativos, a separação entre trabalho manual e trabalho intelectual, a negação do direito a pensar, a articular-se e expressar suas concepções sobre o real e sobre as formas de transformá-lo, a tutela do Estado, de seus gestores, intelectuais e educadores sempre dispensando o povo de pensar porque eles pensam, decidem e falam em nome do povo tutelado e infantilizado, e, *também* e não menos importante, a negação da instrução, do domínio dos instrumentos básicos que a escola deveria garantir.

Como nos falava Octavio Ianni na abertura da IV CBE, é possível perceber na história da formação social brasileira que a relação Estado-sociedade e a relação entre as classes é mediada por uma luta pela construção do saber e da cultura enquanto modo pelo qual o povo e as classes trabalhadoras entram na história como sujeitos e cidadãos. Há uma estratégia bem montada de negação da identidade cultural das classes trabalhadoras. Imperam mecanismos de permanente degradação intelectual e moral dos trabalhadores nos processos de trabalho, nas condições de existência material e social a que são submetidos, na repressão e no medo em que são mantidos.

Apesar de tudo as classes trabalhadoras estão em marcha, em permanente formação na própria reação e afirmação. Há uma pedagogia em marcha. Na prática social enquanto prática produtiva, organizativa, se faz cultura, o povo se educa e se forja, se torna ser social consciente. Hoje há um vigor na sociedade brasileira, uma energia política que tem uma dimensão pedagógica e cultural. Nesse *locus* do educativo as classes em luta são os sujeitos centrais.

Esse processo político-pedagógico de afirmação-negação deveria ser o central quando falamos do *direito do povo à educação*. Insistimos em que a negação dos instrumentos básicos transmitidos pela escola são apenas um aspecto que só pode ser devidamente equacionado se inserido nesse movimento global. O capitalismo tem sido esperto em garantir um mínimo de educação escolar básica para as classes trabalhadoras continuando a reprimir o direito à educação. A burguesia tem tentado distrair o povo e os profissionais da educação para reduzir o direito à educação apenas à entrada e permanência durante alguns anos na escola.

Por que não dar a devida ênfase a esse educativo que tenta ser negado e destruído? Por que reduzir o direito do povo à educação, à garantia de uma escola e de boa qualidade? Julgamos que uma reflexão sobre como esse conceito de educação foi construído historicamente seria relevante para avançar na defesa do direito do povo à educação. Partimos de um pressuposto, o campo do educativo é uma construção histórica. Não apenas o saber transmitido na escola é histórico na sua produção e sistematização, mas o próprio conceito de educação é uma construção histórica. Não apenas os conteúdos escolares têm de passar por uma crítica séria, mas nosso saber sobre por onde passa o educativo tem de passar por uma crítica. Na história da educação podemos encontrar tendências pedagógicas diferentes, seja privilegiando a docente, o conteúdo, o método, o aluno, porém os conflitos maiores se dão em torno da própria constituição e compreensão do que seja o saber, a educação, o campo e o espaço onde se produz e reproduz, e quem sejam seus legítimos produtores. Não se trata de conflitos meramente pedagógicos em torno de qual dos componentes escolares é prioritário, nem de conflitos em torno da escola, de sua importância social, mas trata-se de conflitos e lutas pela *legitimidade* de tipos diferentes de saber, de educação, de educadores, de espaços. Trata-se de conflitos não tanto em torno de uma teoria da educação escolar, mas de uma teoria da história e do social e, sobretudo, de uma teoria da produção-formação dos homens na história.

## A configuração moderna do campo educativo exclui os trabalhadores

As hipóteses que norteiam nossa reflexão são as seguintes: a construção do educativo nas sociedades ocidentais passa por um movimento de separação da instrução e da educação, ou de redução do educativo a um espaço institucionalizado. Em outros termos, o processo de configuração moderna do campo educativo é inseparável do movimento social que reduz a educação à escolarização e, consequentemente, separa a criança do adulto, a criança distanciada da educação que se dá nas relações sociais normais; separa escola e trabalho, educação e produção, teoria e prática. Mais ainda, a redução do espaço educativo à instrução coincide com o movimento político de negação da identidade das classes subalternas e, consequentemente, de negação da legitimidade do educativo que se dá nos processos sociais de que elas fazem parte como uma das classes fundamentais. É um movimento de negação da legitimidade do saber da gente comum, e de negação da legitimidade dos trabalhadores enquanto produtores de saber e de cultura.

Nessa linha de raciocínio podemos entender que a posterior apropriação pela classe dominante do sistema de instrução, ou dos conteúdos escolares, não é o que determina a exclusão do povo comum do direito à educação e ao saber, mas o que é excludente é o próprio movimento social em que se constitui o campo do educativo. A tarefa fundamental, se pretendemos a instrução e educação dos trabalhadores, será perceber e criticar o sentido de classe desse movimento social em que se deu e desenvolveu o campo do educativo, será ainda privilegiar o educativo, onde ele se dá basicamente nas lutas entre as classes de que esse movimento social e a própria construção do educativo fazem parte. Em outros termos, é necessário manter um processo de crítica, não apenas nem fundamentalmente da escola, de seus conteúdos e métodos, mas do movimento social que exclui as classes subalternas como legítimas produtoras de cultura. Não é suficiente democratizar a instrução nem a instituição escolar, mas manter uma postura de permanente crítica a uma instituição que não nasce neutra tal como é apresentada comumente, como um bem coletivo que terá sido assaltado e apropriado pelos poderosos e posto a seu serviço, excluindo o povo desse bem público. A redução da educação à escola enquanto *locus* legítimo do único saber legítimo não pode interessar às classes trabalhadoras, pois esse reducionismo faz parte de um processo social mais amplo de negação do saber, da educação e da cultura, produzidos enquanto práxis das classes sociais ou enquanto fazer humano das classes em luta.

Faltam entre nós, profissionais da educação, um conhecimento mais profundo da construção histórica do campo educativo em que exercemos nosso trabalho. Falta-nos uma história da educação onde se insere a história da escola. Os profissionais da educação aprendem apenas esta nos cursos de formação. As faculdades de educação, os cursos de magistério são centros de reflexão sobre a educação escolar, a maioria dos encontros, conferências, congressos de educadores estão centrados na prática escolar, o que confirma o universo conceitual tão reduzido em que foi enclausurada a educação nas sociedades ocidentais. Se elaboramos uma proposta de educação à Constituinte, incluímos apenas o direito à escolarização. É esse o espaço único e legítimo da educação, é nesse campo que os pedagogos são profissionais. O educativo maior a que nos referimos é deixado como tarefa de militantes convertidos em pedagogos ocasionais nas periferias nos fins de semana, enquanto são estudantes e não se assentaram numa profissão. Preocupar-se com a educação popular, a educação dos trabalhadores, a educação e os movimentos sociais, o partido, o sindicato, as associações como educativos é ainda um pensar e fazer não legitimado, algo marginal ou à margem da legítima e normal preocupação e prática dos profissionais da educação voltados para o seu campo, a escola, os métodos, os conteúdos, a relação professor-aluno, as tendências pedagógicas. Por que pensar na educação popular, educação dos trabalhadores como temáticas específicas, se ao final é isso que se faz na escola pública? Investir todos na democratização de uma escola de boa qualidade não seria o legítimo caminho para garantir o direito do povo e dos trabalhadores à educação? Todos esses fatos são indicadores de como as estruturas de pensamento e as práticas educativas se situam num campo restrito.

Por que chegamos a esse reducionismo na concepção e na prática da educação do povo comum? Quando se pensa na educação da burguesia e das classes dirigentes, a visão é bem mais larga. Estas camadas não aceitariam que o que são e pensam venha da escola que frequentaram. Há espaços, processos aceitos como legítimos onde a burguesia se constrói, constrói e articula seu saber e ainda planeja como torná-lo (o saber) legítimo. Uma contribuição importante poderia ser tentar reconstruir esse processo de reducionismo ou enclausuramento da educação. Trata-se de um movimento social longo que culminou com o século das luzes, movimento para o qual confluiu um conjunto de elementos que de alguma forma estavam presentes na experiência greco-romana, na concepção cristã e nas instituições medievais e, sobretudo, na passagem do feudalismo ao capitalismo.

As respostas dadas historicamente à questão de como educar, formar os indivíduos ou como melhor produzir determinado tipo de homem tido como o ideal está na raiz da configuração moderna do campo educativo. Essa questão será recolocada como central com o modo de produção capitalista, que não é apenas um modo novo de produzir mercadorias, mas de produzir indivíduos. A constante nesse movimento será o isolamento da educação em fases da vida, em tempos e espaços próprios. Durante séculos irá se configurando o educativo como uma carreira, um curso à parte, não coincidente com o curso e o caminho seguido pela gente comum. Uma carreira que não passa pelas relações sociais do cotidiano, mas que leva os poucos que nela entram a se distanciarem do que-fazer da gente comum, dos que trabalham para produzir. Nessa carreira, nesse curso que não passava pelo trabalho e que foi criado para se distanciar da produção, era normal e contínuo que não houvesse espaço para o trabalho, a prática produtiva, a prática social enquanto cursos, carreiras de educação. E é mais normal ainda que nessa carreira não houvesse lugar para as classes trabalhadoras e produtivas. Estavam por princípio excluídas da educação assim cercada.

Tentemos reconstruir alguns dos traços que vão configurando o pensamento e as instituições educacionais ainda tidas como legítimas na sociedade moderna.

## Trabalho, cultura e educação divorciados

Não pretendemos remontar até a tradição greco-romana, onde aparecem os primeiros traços da institucionalização da educação. O que importa ressaltar é que esse *locus* específico do educativo nasce para educação-ocupação dos ociosos (escola = ócio), "o jogo nobre" onde não havia lugar para aqueles que estavam ocupados no mundo do trabalho e dos negócios (não ócio). Trabalho e cultivo (cultura) do espírito aparecem como contrários na construção grega do campo educativo.

A educação monástica — fase decisiva na configuração da educação e de sua redução a um espaço específico separado do cotidiano — é estruturada num movimento que visa a autorreprodução de uma categoria social específica — os monges e os clérigos (escolas monacais e escolas catedralícias), categoria social isolada dos homens comuns, dos que produzem pelo trabalho. Mais tarde esse mundo do educativo será também o lugar de formação de outros tipos de indivíduos, os letrados e os burocratas (as universidades e as escolas palacianas) alimentando outras carreiras igualmente distantes do curso normal por onde transita a vida do comum dos mortais: o trabalho produtivo e manual.

O estudo, a educação aparecem cada vez mais com maior nitidez como o contrário do trabalho e da produção. O campo do educativo, tal como vai se configurando, tem uma função social específica: cultivar o espírito e a cabeça, não as mãos. Por exemplo, as crianças que vão à escola monacal para seguir a "carreira", fazer o "curso" dos monges, são tiradas do mundo da produção e passam a ocupar-se basicamente no estudo e na oração. Há tempo para o trabalho manual na agricultura e nas artes — *ora et labora*, ditava a Regra —, mas apenas como recurso educativo, como remédio contra a ociosidade, mãe de todos os vícios. Se nessa concepção da educação que vai se configurando há tempo para o trabalho manual (não há para o trabalhador manual), não será porque o trabalho seja considerado como produtor de cultura, mas como libertador do espírito para a dedicação religiosa-cultural. O trabalho será aceito nesse universo educativo apenas enquanto domestica e reprime o corpo para a libertação da mente e do espírito, a parte nobre do homem. O educativo irá se configurando sob o binômio repressão-libertação, expressando não apenas uma visão dual do homem — corpo-braços *versus* espírito-cabeça —, mas expressando a realidade social e a diferente vinculação dos homens com o processo produtivo: os trabalhadores manuais, os que vivem para produzir, e os trabalhadores intelectuais, os que vivem do trabalho de quem produz. Somente estes produzem saber, cultura, educação. É a minoria culta e cultivada, em oposição à maioria inculta, tão rude quanto o trabalho em que se ocupam. Não será necessária uma escola elitista e excludente para negar o direito do povo à educação, essa construção do educativo nasce excludente, nela não cabe nem o trabalho, nem os trabalhadores, nem o saber que se constrói na práxis social onde eles também são sujeitos.

Podemos perceber que a institucionalização da prática educativa nasce já na antiguidade e no velho regime muito mais para destruir e negar os processos educativos onde eles se dão, na prática social e produtiva, do que para transmitir sob controle o saber sistematizado. Os conflitos de interesses no educativo não se situam fundamentalmente no campo da transmissão de conteúdos, alienantes ou críticos, mas situam-se mais na raiz, na destruição dos processos de produção do saber e da cultura, na declaração de não legitimidade para os processos de produção de educação fora da instituição legítima. E mais, situam-se na negação, aos trabalhadores enquanto classe, da condição de produtores de bens culturais, de pensamento, de saber. Assim como já no velho regime se configura a ideia de que fora da Igreja não há salvação para os pobres mortais, assim se configura o pensamento até hoje defendido de que fora da instituição escolar não há educação para o povo comum. Qualquer educação que não nascer nesses jardins da instituição educativa será declarada ilegítima e bastarda. Apenas a carreira, o curso para a educação das classes socialmente improdutivas terá legitimidade.

## A burguesia tenta o reencontro: educação para o trabalho

A burguesia, através da revolução que faz em todos os campos, não se limita a ocupar os espaços criados pelo velho regime. O campo do educativo era um deles, seria suficiente usá-lo sem redefinir as estruturas de pensamento e as estruturas sociais em que o velho regime assentara as coordenadas básicas da educação e da cultura? O movimento ilustrado não se limita a criticar os conteúdos transmitidos na instituição escolar por serem expressão da velha concepção de mundo. Criticam a função social que as estruturas educativas cumprem enquanto estruturas, por representar o refúgio de uma aristocracia e de uma elite ociosa e improdutiva, contrária ao progresso. A carreira escolar em si é vista como uma carreira de obstáculos à nova ordem por ocupar o tempo precioso de jovens e adultos que deveriam trabalhar e produzir, porque o saber tido como saber é inútil para o progresso e, ainda, esse saber produz preconceitos contra o trabalho produtivo. O movimento ilustrado vai além da crítica à função social das estruturas educativas da velha ordem e critica as bases em que se assentava sua legitimidade: a separação entre saber e vida, educação e trabalho. A burguesia e seus intelectuais não poderiam aceitar que apenas a educação das classes improdutivas fosse legítima, nem que estes fossem os produtores legítimos do saber, nem que a instituição escolar fosse o único espaço da educação. Como as verdadeiras classes produtoras — a burguesia assim se considerava — poderiam aceitar a indignidade do trabalho e do negócio e a dignidade do ócio?

Vejamos alguns dos traços deixados pelo movimento ilustrado na configuração do espaço educativo. É bom lembrar que no século das luzes são lançadas as bases dos modernos esquemas de pensamento e das estruturas sociais e educativas que dão sentido às modernas teorias e práticas pedagógicas. Entretanto, as peças usadas para a construção dessas bases modernas, nem todas são novas, as peças-chave do edifício educativo construído na velha ordem foram aproveitadas.

Dentro de nosso tema, a questão poderia ser colocada nos seguintes termos: a burguesia e seus intelectuais alargaram o limitado espaço do educativo a ponto de ser possível pensar na instrução e educação das classes trabalhadoras?

O primeiro ponto a destacar é que a concepção do saber e de sua produção são redefinidos. A imagem do pensador e produtor do conhecimento será a abelha, uma figura mais simpática à ética da nova ordem, próxima do mundo do trabalho e bem distante do mundo do ócio. Para Bacon, o produtor do conhecimento se assemelha à abelha que vai ao cotidiano, recolhe seus materiais nas flores dos jardins e dos campos e os transforma em produtos úteis. O conhecimento só tem sentido se for útil. O *locus* do educativo, se não perde as cercas que o isolam do cotidiano, ao menos passa a encontrar seu sentido social na medida em que contribui para o progresso e para a satisfação das necessidades do homem. A vinculação escola-vida, educação-progresso são traços acrescentados pelo movimento ilustrado à constituição do campo educativo.

Há ainda outro traço marcante. Era necessário colocar as instituições educativas a serviço da produção, de um tipo novo de homem, não do homem improdutivo, mas do homem produtivo, o trabalhador da nova ordem, imbuído de uma nova ética econômica. Que instituição educativa seria capaz de produzir esse novo homem e de educá-lo para essa nova ética? Não a escola socrática, monacal, paroquial nem palaciana, mas a *escola do trabalho*.

O trabalho é visto como o elemento pedagógico por excelência. Pela primeira vez entra como elemento educativo central na instituição. O trabalho entra agora não com a função que tinha na educação monacal — instrumento de libertação do espírito —, nas escolas do trabalho este aparece como elemento central do progresso material, para a satisfação das necessidades materiais e não como liberador do espírito, aparece ainda como elemento central na produção do novo homem.

A educação do homem comum para o trabalho, pelo trabalho, será a nova proposta. O trabalhador que a burguesia precisava não nascia pronto e nem poderia ser o produto de uma instituição educativa inspirada no desprezo ao trabalho produtivo. Era necessário remexer no campo educativo construído durante séculos. Nesse campo deveria caber o trabalhador, sua produção, instrução e educação, para tirá-lo da ignorância alimentadora dos velhos preconceitos da velha ordem e para reeducá-lo nos novos hábitos de disciplina, a disciplina não tanto moral do controle dos vícios, mas a disciplina do tempo, do trabalho, da economia, do esforço.

A proposta não era tanto instruir os trabalhadores, mas educá-los, construí-los. Onde? Nas escolas do trabalho, mais próximas da nova empresa fabril do que da velha escola, se aprenderia a trabalhar e a amar o trabalho experimentando os frutos do trabalho.

O sistema escolar seria expandido aos trabalhadores como o lugar da instrumentalização na cultura escrita, contas e da superação dos preconceitos da velha ordem, porém, o lugar do educativo por excelência seria pensado fora da escola, no trabalho. O movimento das escolas do trabalho representava a tentativa da síntese: um mínimo de instrução e o máximo de educação pelo trabalho para produzir trabalhadores. O ideal se aproximava da escola já sonhada por Comenius na *Didactica magna*: escola oficina de homens, agora escola fábrica produtora de trabalhadores.

Essa teria sido a grande novidade, o novo traço acrescentado pela burguesia e seus intelectuais na construção do campo educativo nos dois últimos séculos. As consequências a nível dos processos pedagógicos serão importantes: se os processos educativos têm de estar vinculados ao mundo do trabalho e da produção, se neles deve ter espaço o trabalho e o trabalhador, o central não será tornar o povo letrado nem instruído no domínio de conteúdos — ensino inculcação —, mas o central será experimentar, até na escola, o trabalho, a organização do trabalho, as relações sociais novas necessárias à nova ordem. Somente a burguesia feita no trabalho, que se descobriu no trabalho, redescobriu um novo sentido para o mundo e para a sociedade no trabalho, e que precisava produzir trabalhadores, poderia inventar a *pedagogia do trabalho* e dar-lhe a centralidade que a velha concepção do educativo sempre lhe negara.

A tal ponto a burguesia estava convencida da força educativa do trabalho que aos poucos irá desprezando a escola como o *locus* do educativo para produzir o trabalhador que lhe convinha e, em vez de mandar as crianças, futuros trabalhadores, à escola para aprenderem a ética do trabalho, preferirá ser radical na sua visão do educativo e defenderá o trabalho das crianças nas próprias fábricas como o *locus* do educativo por excelência. A burguesia e seus intelectuais terminam indo além da crítica à função social das velhas instituições educativas, não ficam na busca de uma nova função adaptada aos novos tempos. A lição que as classes produtoras tinham aprendido em sua prática terminará norteando a proposta de educação dos novos produtores, os trabalhadores. A nova ordem econômica e social teria de produzir, além de mercadorias, homens, trabalhadores novos nos próprios processos sociais e não num *locus* específico isolado. Da escola do trabalho se passará a outra proposta: o trabalho como a verdadeira escola, o verdadeiro espaço para a produção e formação do trabalhador.

Trabalho produtivo e educação são pensados juntos pela burguesia. A partir dessa premissa que iniciou a crítica à educação da velha ordem, e sendo fiéis à mesma premissa, chegaram a defender não a escola, mas o trabalho como educativo.

## A estratégia burguesa: permitir a instrução, reprimir a educação do trabalhador

As consequências quanto à educação dos trabalhadores, tema que nos ocupa, são importantes e podemos senti-las até hoje. A burguesia esclarecida não mostrou nos últimos séculos ter medo da escolarização do povo, nem entusiasmo. Não é no sistema escolar que ela situa sua estratégia pelo controle da educação de seus trabalhadores. Não planeja nem a exclusão nem a entrada do povo na escola. Não planeja uma escola capitalista ou reprodutora quando se coloca a difícil empreitada de produzir-formar o trabalhador de que ela precisa. Não faz demasiada questão de manter a exclusividade na distribuição do saber sistematizado: por que privar o povo comum enquanto trabalhador e consumidor dos instrumentos necessários à inserção no mundo moderno e letrado? A burguesia nada tem a ganhar com o tradicionalismo e a ignorância do povo. Um mínimo de modernidade será condição para a sobrevivência. Pegar uns anos de escola, como pegar o ônibus, será um meio necessário para chegar ao trabalho, garantir o emprego e sobreviver. A escolarização elementar passou a ser uma entre outras precondições para sobreviver na lógica da sociedade capitalista. O povo é obrigado a trabalhar para sobreviver e tem de lutar pelos instrumentos que o levem e conduzam até o trabalho; a escola é um desses instrumentos, daí que os trabalhadores não separam a luta pela escola de outras lutas por ruas, calçamento, ônibus.

A burguesia fez com que a luta pela escola se situasse no reino natural das necessidades elementares — escola elementar —, não mais no reino humano dos fins, dos valores, da produção-formação do homem, como era na concepção socrática, cristã e humanista, espaço do cultivo do espírito, das letras, da cultura, dos homens cultos e cultivados. O mundo letrado, onde a burguesia e seus intelectuais se propõem introduzir o povo via escola, não é mais o mundo das letras, das artes liberais e da cultura; é apenas o mundo natural da sobrevivência. Não será principalmente nessa escola esvaziada onde as classes fundamentais se enfrentarão na permanente luta pelo saber, a educação e a cultura.

Na história do capitalismo encontramos outros espaços onde se dá o conflito pelo saber: nos processos de trabalho, por exemplo, e nas lutas pela organização científica do trabalho. Adam Smíth já previa, no final do século XVIII, que os processos de trabalho tornariam o operário tão ignorante e tão estúpido quanto é possível a uma criatura humana. Segundo Taylor, trata-se de um problema de relação de forças no saber e pelo saber operário. A burguesia tem mostrado mais cuidado em não perder a batalha educativa que se dá nas praças, nas vilas e bairros, nos sindicatos e partidos, nas usinas e nas fábricas do que nas escolas. Lá se mostrou sempre mais repressiva do que aqui. É mais severa a repressão aos processos educativos e aos educadores e militantes que ousam penetrar no espaço educativo do cotidiano, do trabalho, da produção, da organização política, do que a repressão às pedagogias e aos pedagogos que tentam ser críticos na escola.

A estratégia da burguesia parece ser entregar a instrução do povo aos educadores profissionais no sistema escolar desde que ela mantenha o controle de sua escola de fabricar o trabalhador: o trabalho, as relações sociais de produção, as relações sociais mais amplas onde se reprime violentamente qualquer manifestação de um pensar alternativo, onde se negue qualquer espaço, tempo e instrumentos para a sistematização por parte das classes trabalhadoras do saber, da educação e da cultura que nascem da práxis social entre as classes.

A burguesia parece perceber que se o *locus* do educativo para ela esteve na prática social e produtiva, para a nova classe, os trabalhadores, está também aí o *locus* onde se educam, onde se sabem, constroem sua identidade coletiva e constroem um saber social contra-hegemônico; consequentemente, será aí que a burguesia tentará o verdadeiro controle e a negação do direito à verdadeira educação dos trabalhadores. Essa mesma burguesia deve agradecer nossa miopia ou astigmatismo, que teima em buscar o educativo nos claustros da instituição escolar e deixa por conta dos intelectuais da burguesia a reflexão e produção de um saber e de práticas pedagógicas para tornar o trabalho a verdadeira escola produtora de bons trabalhadores.

É curioso constatar que o velho e o novo regime, as estruturas de pensamento e as práticas sociais de ambos terminam se encontrando num ponto, quando se trata da educação dos trabalhadores. Ambos não veem a instituição escolar como o campo do educativo para o trabalhador. As diferenças estão em que os defensores do velho regime ignoravam a educação onde realmente se dá, os defensores da nova ordem não podem ignorar o verdadeiro *locus* da produção-formação do trabalhador, o trabalho, e aí será que centram sua pedagogia e seu controle.

## A educação como processo negativo e preventivo

Se é aí que a burguesia e as classes trabalhadoras colocam o *locus* do educativo, por que a história da pedagogia teima em situá-lo básica e até exclusivamente na escola? Por que os educadores profissionais têm tanta dificuldade em perceber que o movimento social de construção-negação da educação não está fundamentalmente na escola? Por que se consideram profissionais da escolarização e não da educação? Por que as ciências da educação teriam avançado apenas como teorias pedagógicas e não como teoria da produção-formação de homens? Diríamos que a pedagogia moderna foi mais influenciada no seu cotidiano pela visão do educativo de Rousseau do que pela visão dos ilustrados, ou melhor, uma é complemento da outra. Se o século XVIII foi o século das luzes, o século XIX foi o século da criança, e ainda não saímos dessa concepção nas teorias e práticas com que pensamos na educação do povo comum.

Com Rousseau, o século XIX não avança sobre a temática de encontrar na prática social a "carreira", o "curso" do educativo; ao contrário, nesse sentido, ele representa um recuo, uma volta secularizada na busca do homem paradisíaco, do homem naturalmente bom, da inocência da criança, pois a prática social não só não educa, mas corrompe. Daí a educação como processo negativo, preventivo, uma instituição à parte, que atrase ao máximo sua inserção no social.

O tempo da infância, em contraposição com o do adulto — tempo de viver em condição social —, será visto como o verdadeiro tempo do educativo, da liberdade, das virtudes, onde não se conhece a culpa. Uma visão bem próxima da concepção socrático-judaico-cristã: o homem bom, anterior à culpa, culpa agora posta na condição social. Em comum, a busca do homem natural, anterior à condição social, um olhar permanente para o passado e até desprezo, medo pelo futuro, o mundo onde as crianças infelizmente terão de entrar, mundo adverso, fora do paraíso, dos jardins da infância onde está o adulto, o trabalho, a prática produtiva, política e social antieducadoras, deseducadoras. A escola volta a ser o *locus* do educativo, preservando e formando para resistir à corrupção da vida, do convívio social, do trabalho.

Nessa concepção, as teorias pedagógicas versarão sobre a infância como campo próprio e natural de reflexão. Poderia ser diferente se é na infância, nas instituições que dela cuidam — família, escola — que está o campo, o tempo do educativo? Como encontrar nesse universo conceitual lugar para uma pedagogia dos processos sociais e para uma pedagogia do trabalho, do trabalhador, e até da criança-educando-trabalhador?

Neste rápido percurso sobre a história da configuração das estruturas de pensamento e das estruturas sociais em que se situa o educativo não há espaço para a educação do trabalhador. Nunca foi convidado a desfrutar dos prazeres da cultura e do cultivo das letras, das artes e do espírito, seu *locus* não está aí, seu papel será preparar a festa, produzir os mantimentos, trabalhar. Somente os ilustrados e a burguesia, não Rousseau e a pequena burguesia, entenderam que nesse processo de preparar a festa e os alimentos há um processo educativo, um processo de configuração do trabalhador que deve ser controlado. De qualquer forma, todos excluem os trabalhadores da festa da cultura. O máximo que se aceitará é que saibam ler as receitas e servir com boas maneiras, que tenham instrução elementar.

Podemos ser otimistas e perceber que essas estruturas de pensamento estariam sendo redefinidas nos centros de formação de educadores, nos centros de decisão sobre a educação das camadas populares? O campo do educativo estaria aberto a refletir sobre a educação das classes trabalhadoras e a construir práticas integradas com o educativo que se dá na prática social? Ainda vemos bastante resistência. As bases teóricas a que nos referíamos continuam sendo o espelho onde se redescobrem a maioria dos profissionais da educação. As mesmas estruturas de pensamento permanecem no desfile das tendências pedagógicas, das tradicionais às novíssimas, são variações de uma mesma construção, onde apenas muda a maquiagem, mas os traços básicos do rosto do educativo permanecem cada vez mais rejuvenescidos e atraentes.

As classes dominantes modernas têm tirado mais proveito dessa construção do educativo do que a moderna classe trabalhadora, e não porque aquelas tenham mais poder do que esta sobre o sistema escolar, sobre os aparelhos do Estado ou sobre o saber sistematizado, mas porque esse educativo foi construído nos conflitos de interesses de classe para reprimir e destruir a identidade cultural e o poder de classe dos trabalhadores. A garantia do direito dos trabalhadores à educação tem passado por outra proposta relacionada com os interesses reais do proletariado que pensa a educação em outras bases, mas que não conseguiu penetrar nem questionar essa configuração do educativo. As ciências da educação se mostram mais resistentes do que outras ciências a superar velhas concepções onde a educação das classes trabalhadoras não tem espaço.

Impressão e acabamento
Editora Parma LTDA
Tel.:(011) 2462-4000
Av.Antonio Bardella, nº310,Guarulhos,São Paulo-Brasil